線上學習新視界
大學篇

台達磨課師致力培育自動化人才

推薦語
（按姓氏筆劃）

2014 年台達電子文教基金會啟動 DeltaMOOCx 課程計畫，本校以實務創新教學以及在自動化工程的專業，有幸參與課程規劃、錄製、開設與推廣。這個計畫開啟國內磨課師專業課程的新頁，也具體落實教育平權的理念。「看似尋常最奇崛，成如容易卻艱辛」，此書記載彭宗平教授推動計畫的過程與課程亮點，對未來線上學習的推展，深具啟發意義，謹推薦給所有關心教育的讀者。

——王錫福

（國立臺北科技大學校長）

磨課師的訓練不但是創新且有效的教育模式，甚至可視為滿足社會與產業需求的必要工具。台達電子是我國重要企業之一，其創新與重視企業社會責任的文化，一直是我國企業的標竿，「台達磨課師」的努力，又是一個明例。彭宗平教授在研究、教學、學術行政等方面，皆有重大貢獻。兩者搭配，可說是如虎添翼，相得益彰。這本專書的發表定可為我國的人才培訓，立下一個新的里程碑。

——李世光

（工研院暨資策會董事長、臺灣大學特聘教授、前經濟部長）

此書文筆流暢，平鋪敘述作者六年來推動台達磨課師的過程及經驗，並蒐集整理了師生意見。無論是對未來國內教育的發展關懷者、有興趣製作線上課程者、或者利用線上教學及學習的師生們，都可以在此書中找到需要的資訊和珍貴的經驗。

——李定國

（中研院院士、中山大學研究講座、前中研院物理所所長）

MOOCs 在近年來風起雲湧，因新冠疫情，實體課程受限，而更受注目，並更為普遍，同時也為時勢所趨，未來在各級教育上所發揮的影響力將更大。彭宗平教授協助台達基金會為台灣 MOOCs 教育先行者，聚焦於科技大學自動化課程，規劃詳盡，並力求課程精緻化、實用化，數年來斐然有成。本書對發展的經過有詳盡的記述，很值得各級學校參考。

——**陳力俊**

（中研院院士、臺灣聯合大學系統校長、前清華大學校長）

21 世紀的人類社會是非常複雜的，所有的活動都環繞在食衣住行育樂的供、需、得、失等經濟行為的互動中，這個複雜系統的表面是形形色色的行業，而其中心的動力就是知識。傳承、應用和擴增知識，就是教育的重責大任。以往教育平臺的不完善，產生兩個明顯的惡果，即知識落差造成生命落差，以及學用落差產生的高教資源浪費。台達磨課師教學平臺利用高科技的線上學習，解決「知識取得落差」的困境，並設計能學以致用的課程，把人才培育導向適時、適地和適業的教學歷程中。期待更多的優質磨課師，為台灣打造一個務實有效的全民教育平臺！　　——**曾志朗**

（中研院院士、前教育部長、前陽明大學校長）

本書道出台達磨課師（DeltaMOOCx）之心路歷程，可見台達電子創辦人鄭崇華先生的用心，主持人彭宗平教授的高效率領導。在課程設計、教師選擇、教材錄製各方面均展現專業水準，成效卓著。鄭先生設立線上教學的初衷，就是讓好老師有更寬廣的教學平臺推廣給更多學生，落實無遠弗屆、有教無類、處處是教室的學習模式。這本好書探討許多議題，涵

蓋學程的選擇、打破載具的客製化平臺、訓練老師成為學生所愛的磨課師，更以此建立華人的世界品牌，善盡企業之社會責任。　　——程海東

（前東海大學校長、前伊利諾大學（香檳校區）教授、
前澳門大學副校長）

2012 年是世界的 MOOCs（磨課師）元年，這不只是網路技術的升級，更是第一線有效教學的全面革新。台達電子鄭崇華創辦人對 MOOCs 有特殊感覺，2014 年委託彭宗平校長，聚焦大學與高中職科學及技術專業課程，做出全套免費磨課師平臺 DeltaMOOCx，並捐贈課程設備，可說是台灣教育界近年來的大事，令人敬佩。　　——黃榮村

（考試院長、前教育部長、前中國醫藥大學校長）

當個「超級學習者」是新時代大群眾躍進 AI 與 5G 新世代，維繫人類競爭力的新角色。善用零碎時間網路自學，更是超級學習者迎戰未來的精準投資。推薦這本書給每一位「超級學習者」，網路自學號角響起！新教育就在眼前！　　——楊能舒

（國立雲林科技大學校長）

本書詳實記載自動化學程規劃、課程錄製、上線、平臺營運與推廣應用過程，並摘錄許多參與者（包括三校校長、審議委員、課程規劃委員、錄製教師、助教、學員與製播團隊等）之經驗分享，值得關心線上教育的讀者參考。　　——廖慶榮

（國立臺灣科技大學校長、中國工程師學會理事長）

知識更新周期縮短，如何保有好奇、以更彈性的方式自主學習，成了面對未來世界必備的素養。MOOCs 以數位工具作為載體，大幅降低知識取得門檻，也讓學習跨越地域與時間限制，近年更在世界掀起了嶄新的學習風潮；台達磨課師在鄭崇華創辦人與彭宗平教授的支持與投入下，讓臺灣學生能免費接觸頂尖的科學與自動化教師與課程，以客製化方式自主規劃學習進程，除了為科學教育投入新活水，也成為培育未來人才的重要助力。

──潘文忠

（教育部長）

　　以熱情與創新，看見教育的未來！磨課師的多元發展，開啟新的教育與教學變革，學習模式的改變，可以直接導入產學人才的培育。台達鄭崇華先生的真知灼見，DeltaMOOCx 的精準策展，頂尖科大的自動化場域，老師們的熱情奉獻，團隊齊心戮力的合作，譜成一部數位學習典範的發展史。它的帶動是持續的，它的影響也是既廣且深的。

──劉安之

（逢甲大學特聘講座教授、教育部磨課師計畫主持人、

前逢甲大學校長）

　　本書介紹華人世界首度大規模錄製之磨課師：台達磨課師─大學篇，課程內容以自動化學程為主。書中以說故事的方式，呈現參與製作的教授們在錄製過程中的心路歷程，可讀性相當高。相信對有興趣上線學習「自動化」的讀者，包括有意自學的終身學習者，能透過這些故事，更貼切地吸收磨課師中每節課程的內容。

──劉兆漢

（中研院院士、前中央大學校長、前中研院副院長）

ΛELTAMOOCx
開放公益平台

目次

課程內容簡述／大事紀／台達磨課師 DeltaMOOCx 自動化學程課程資料／開課準備事項／PPT 編排原則／教師錄影注意事項／大學修課證明書——中文範本／大學修課證明書——英文範本

推薦序

好老師對人的影響，是一輩子的

鄭崇華
台達集團創辦人、台達電子文教基金會董事長

1949 年時我大約是 13 歲，從那年起我就是一個人在台灣生活與求學。當時不論是在臺中一中、或是在成功大學，如果不是碰到好老師的啟蒙，後來大概也沒有機會進入工業界，並在 1971 年創立台達，進而與許多優秀工程師一起合作，提升全球包括電源供應器在內，各項電源轉換領域的效率。

但是好老師在課堂裏所能教的學生，畢竟有限，如果能與網路科技結合，就能讓原本最多只能教上百位學生的好老師，變成可以教上千名、甚至上萬名學生，並且還能跨越時間與空間的限制，在線上與學生互動。這樣的想法，存在我心裡好久一陣子，直到我看到磨課師（MOOCs）概念的興起，一切就變得順理成章。

一開始接觸到 MOOCs 的概念，是聽了舒維都博士的演講，以及後來與美國麻省理工學院（MIT）校長 L. Rafael Reif 的早餐會。Reif 校長當時提出隨著科技的進步，校內就有老師建議把課程全部放在網路上，他原本以為會有老師反對，後來所有的老師都投贊成票。

MIT 後來在 2014 年，發表了《Future of MIT Education》報告，強調大學的許多功能恐將被取代，教師也應該更加重視線上學習所可能帶來的機會。這份文件，若拿到受 COVID-19 衝擊的 2020 年來看，簡直可以

說是超前部署。現在全球幾個主要的大學，因為過去推動網路公開課程（OCW）與磨課師的經驗，這幾個月來利用各式的線上工具，不論是使用自行研發的平臺或是商業開發的平臺，都讓知識持續地在人類族群裡傳遞下去，不用出門即能跟著世界上最新的發展。

在台灣，磨課師的發展一直沒有普及，許多平臺都是靠著老師的一股熱情在支撐，特別是在技職體系這塊。記得當初李國鼎先生擔任經濟部長時期，將台灣的教育體系作重組，讓七成的學生投入了技職體系，打造了台灣經濟起飛的堅實基礎。然而，這項遠見卻在這幾年崩壞，技職體系同樣以升學為導向，學用落差益發嚴重，相關的資源不斷被排擠。

因此，當我在擔任教育部《人才培育白皮書》的指導委員時，就極力建議應該儘速投入資源在磨課師上。那時我認識了元智大學的前校長、現任教於清華大學的彭宗平講座教授。當時我就屬意待報告產出後，由他主導一民間的磨課師專案，由台達基金會出資，並鎖定在技職相關人才之上。

這幾年台商陸續回流，也正是工業界朝向自動化轉型的關鍵時刻，DeltaMOOCx 所特別開發出的自動化學程，是目前華人教育圈最完整的自動化磨課師課程。課程上線後，受益的不光是學生，許多在職的產業界從業人員也都獲益匪淺。

我很謝謝共同參與拍攝的大學教授們，真正將好老師的影響力發揮出來，讓教師的影響力不再僅限於課堂。更特別感謝彭宗平校長以及DeltaMOOCx 專案辦公室的團隊，將這個平臺從無到有一點一滴的打造，到 2020 年底累計點閱數已超過一千萬次，持續發揮平臺的影響力。

這本書籍的出版，也要再次謝謝彭宗平校長擘畫，讓這幾年DeltaMOOCx 走過的道路，可以分享給更多願意投入線上教育的老師。也

感謝張錦弘先生逐一走訪參與過計畫的老師與修課同學，讓整個計畫變得更加立體，真實呈現磨課師平臺所帶來的巨大效果。

相信隨著傳輸速率的革新、以及網際網路的普及，線上教育將成為本世紀人類在教育發展的主流之一。希望台達基金會在 DeltaMOOCx 平臺的投入，也能帶動更多的公私部門重視線上教育影響力，讓更多的好老師可以藉由新興的網路科技，啟發在校園內或社會上，尚未發揮潛力的璞玉。

大規模、全球開放、線上即時的教育新趨勢

舒維都

麻省理工學院教授、中央研究院院士、美國國家工程學院院士

　　磨課師（MOOCs, Massive Open Online Courses，大規模開放線上課程）在 2008 年席捲全球，課程概念源自於麻省理工學院畢業生薩爾曼·可汗（Salman Khan）所創立的非營利教育機構「可汗學院」（Khan Academy），藉由網路提供一系列免費課程，內容涵蓋數學、科學、醫學、金融及人文等學科。磨課師旨在推廣線上學習，並延伸課堂內的學習。磨課師課程與教室課程的差異在於大規模、全球開放、線上即時性及課程廣度。短短三年內，線上課程平臺如雨後春筍般蓬勃發展，如 Coursera、Udacity、edX 等，提供無數的線上課程。至 2019 年，已有 900 多所大學提供多達 13,000 門的課程，全球 1.1 億學習者已觀看過這些課程，目前也有部分大學提供學位給修讀磨課師的學生。

　　2013 年秋天，我跟台達電子高階主管分享磨課師的資訊及線上課程的趨勢、科技、挑戰及機會。簡報中，我引用湯馬斯·佛里曼（Thomas Friedman）2012 年所言："Big breakthroughs happen when what is suddenly possible meets what is desperately necessary."（重大突破多發生在當突然的可能性正好滿足了迫切的需求）。現今，教育改革迫在眉睫（desperately necessary），因為世界教育普及率太低，受教育的成本所費不貲；同時，網際網路、無線網路、雲端運算及社群媒體等技術，提供解決問題的可能

性（suddenly possible）；因此，線上教育應運而生（breakthrough）。

我沒有預期此次的簡報對台達電子內部的營運管理及台達電子文教基金會產生深遠的影響。公司將磨課師運用於行政管理、人力資源及科技發展等方面知識的永續和移轉；鄭崇華榮譽董事長和彭宗平校長推動「台達磨課師（DeltaMOOCx）計畫」，建置公益平臺，開設課程，提供免費線上選讀。

本書介紹台達磨課師平臺的建置和管理，以及針對大學生所設計的工業自動化課程。在撰寫本序之際，台達磨課師已經提供了 32 門相關課程，平臺觀看人次（含高中課程）逾 1000 萬，這是非常值得慶賀的里程碑！

2020 年，COVID-19 疫情蔓延，全球教育受到巨大的衝擊。例如，在麻省理工學院，我們暫停所有面授課程，全面採用遠距教學。本書第 8章也特別探討磨課師如何減緩無法進行面授課程造成的困境與未來的挑戰。

希望您和我一樣喜歡這本書！

自序

迎接線上「教」「學」新紀元

彭宗平

　　台達磨課師（DeltaMOOCx）在 2015 年同時推出大學與高中課程，至今屆滿六年。非常感謝台達電子公司創辦人暨台達電子文教基金會董事長鄭崇華先生的遠見及堅定的支持，讓台達磨課師在世界的磨課師版圖上，生根深耕，建立品牌與特色。

　　有感於線上「教」與「學」乃為未來教育的新趨勢，鄭先生希望透過妥善的規劃，邀請優良教師錄製課程，透過磨課師的教學方式，嘉惠更多學生，培育更多優秀的自動化專業人才。

　　不同於國內外其他平臺，DeltaMOOCx 建置專屬的平臺，還包括製作及經營課程的團隊。一般磨課師平臺，基本上僅作為教師課程上線的平臺，課程的製作及經營，大多由教師獨立負責。但 DeltaMOOCx 則由基金會與三所主要的聯盟科大（北科大、臺科大、雲科大）合作，聚焦於大學自動化工程，透過規劃委員會與審議委員會的設置，建立課程內容規劃及教材品質審議的機制；而且，教材製作與課程經營等，都有統一的規格與運作模式。

　　本書記錄推動 DeltaMOOCx 自動化課程的背景、規劃、執行、管理及實施成效。透過共同作者張錦弘先生深入訪談教師及學生，分享經驗與心得。我們也總結運作經驗，討論磨課師對未來高等教育的影響，並提出落實磨課師教學的建議，敬供各界參考。

　　新冠肺炎（COVID-19）的蔓延，改變了全世界的社會型態及生活模

式，也影響了各級學校教育的風貌。因為疫情，學生無法到校上課，各主要國家紛紛實施線上教學。台灣由於防疫成效良好，雖然教育部曾鼓勵各級學校建置線上教學，但成效實屬有限；線上教學的實施率，本就遠低於歐美各國，甚至中國大陸，現在的差距，益形擴大。未來後疫情時代，當國外學生早已習慣線上學習，善用網路尋找資源，自我學習，吸收新知，台灣的學生若仍侷限於教師實體教室傳統的教學方式，未來如何與國外學生競爭？

　　推動 DeltaMOOCx 時，我們發現目前國內上線的磨課師課程，專業課程仍屬少數。如何賦予磨課師專業課程應有之重要性，擴大其傳播效能，值得深思。同時，也要呼籲各大學體認未來「教」與「學」的發展趨勢，整合資源，加深加廣，持續推出高品質、具特色的磨課師課程，提升在國際高教社群的能見度。

　　感謝所有參與的朋友，包括第一線製作教材與經營課程的教授群、台達基金會、聯盟大學、愛爾達、平臺經營團隊、清大專案辦公室等。由於您的努力與付出，台達磨課師計畫才能落實，略具成效，得以建立國內磨課師新的里程碑。謹此敬致謝忱。

緣起：
從 MIT 開放式課程
到台達磨課師

2012 年，美國麻省理工學院（MIT）電機系教授 Anant Agarwal 利用功能更強大的網路平臺，在線上開設電子電路學的網路課程，出乎意外，來自世界各地修習課程的人數竟高達 16 萬人。據 Agarwal 的估算，如果他能在 MIT 重複教 40 輩子的書，所能教的學生總和，也無法達到這個數目，可見網路課程的影響力有多強大。

　　由於網路的發達及資訊技術的進步，線上傳輸的速度、容量及運算能力大幅提升，在網路上同時容納大量的使用者，已非難事，所以造成了這個線上課程的奇蹟。學生不僅可在線上觀看教學影片，也可在線上繳交作業、做練習題與考試；甚至可在線上提問、開闢線上討論室，進行即時討論，如同線上會議室。

　　這樣的網路平臺，也可記錄每位學習者的學習歷程，教師或助教可以從後臺瞭解學習者觀看影片、做練習題、繳交作業、考試等情形。這種提供大量且開放又兼具互動功能的線上課程，被稱為 Massive Open Online Courses（簡稱 MOOCs），中文譯為「磨課師」（中國大陸譯為「慕課」）。

　　其實，非實體課程早已行之有年。早年有函授學校，學生定期收到講義教材，自行研修。後來有了電視，政府也設立了各級空中學校，讓失學或想再進修的人，可經由觀看電視教學，遠端學習，並定期到指定場址，與教師見面討論，成績合格可獲得學分證明或學位證書。目前空中大學仍然在運作，但已採網路上課。

　　網路興起後，遠距教學也應運而生，大學開設同步或非同步遠距課程。由於頻寬的擴大，同步遠距教學也可即時提問，增加互動性。因此，不限時間與地點透過網路教學，逐漸蔚為網路世代潮流，只是尚未普及，未形成教學與修課的主流。

2001 年 MIT 推出 OCW，全球師生受益

2012 年之前，麻省理工學院在 2001 年即已推出 OpenCourseWare（簡稱「OCW」），中文譯為「開放式課程」。該校鑑於每年數以十萬計的學生申請 MIT，但僅能錄取少數學生，且世界各地甚至還有無數的學生連申請 MIT 的資格都沒有，因此建議教授們將其教材講義、習題、試題，甚至上課的影片，上傳到學校的平臺，對外開放；不僅 MIT 學生，世界各地的師生也可因而受益。

MIT 因推出 OCW 課程，也擴大該校的教育與學術的影響力。許多大學也跟進，開放大學的教育資源，免費分享給有志求學的學子們，這也同時促進了跨域學習。只要有心，不管背景、專業與程度，都可以進到各大學網站的 OCW 系統，觀看影片或下載其課程教材。

雖然網路上 OCW 的課程隨手可得，但 OCW 的影片，主要來自教授教室上課的錄影，品質與清晰度不一，上課的時間決定每部影片的長度，通常是 1 小時左右，甚至更長。教授們基本上只要把課程講義、作業、試題及影片上傳，便算完成了一門 OCW 課程的開授。雖然教材講義內容豐富，但並無問答與討論的機制，也不需要去經營課程，更遑論瞭解學生的反應。換言之，OCW 是一種靜態與單向式的授課，沒有互動的功能。

線上課程從 OCW 演進到 MOOCs，其實也是伴隨網路功能擴大的必然趨勢。臉書（Facebook）及 YouTube 分別於 2004、2005 年推出，立刻造成社群網站及影音串流的新風潮，即時互動與影音分享又為網路應用開闢了新疆域。將教師錄製的課堂影片隨時上傳，並賦予教學平臺的互動性，變得相對容易；再加上頻寬的擴充以及大數據（big data）分析概念的發展，融合了以上這些概念與技術，MOOCs 也因此應運而生。

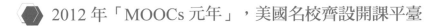 ## 2012 年「MOOCs 元年」，美國名校齊設開課平臺

MIT 的 Agarwal 教授推展 MOOCs 成功，2012 年秋，MIT 又與哈佛大學各出資 3000 萬美金，創立「edX」平臺，共同推動 MOOCs。同時，史丹佛大學的吳恩達（Andrew Ng）與達芙妮・科勒（Daphne Koller）教授也共同推出類似的平臺「Coursera」，而另一個以營利為主的平臺「Udacity」也在同年創立。2012 年也因此被稱為「MOOCs 元年」。

2012 年元智大學校長彭宗平受教育部長蔣偉寧之託，擔任「教育部人才培育白皮書」計畫執行長，以一年為期，廣邀教育界與產業界學者專家，召開系列會議、論壇與座談會，共同討論撰述「教育部人才培育白皮書」，作為教育部施政參考。

為求涵蓋人才培育的各個面向，計畫分四組進行，包括中小學教育組、大學教育組、技職教育組及國際化教育組，每組設兩位召集人，分由學界與企業界人士擔任，其中技職教育組聘請曾任輔英科技大學校長的張一蕃教授及台達電子工業股份有限公司創辦人鄭崇華董事長為共同召集人。

計畫執行期間自 2012 年 8 月迄 2013 年 7 月，鄭先生全程參與所有召集人會議和與技職教育相關的論壇及座談會。每次會議之前，他都做了周全的功課，對會議資料及討論議題，瞭若指掌，對人才培育的作法提出論述，並期盼政府、各級學校及產業界正視人才培育的急迫性與重要性。

在一整年的討論中，台灣的學用落差、大學供過於求、人才國際競爭力不足，以及面對少子化的浪潮，未來工作人力勢必短缺，如何提高「人均」競爭力或生產力等議題，大家同感憂心，這些都是討論的重點。此外，國內外教育的比較和國外教育發展的新趨勢，都是焦點議題；其中剛興起

的 MOOCs 教學與學習模式，也引起鄭崇華先生的重視。

◆ 從小學到大學遇到「好老師」，觸動鄭崇華設立 DeltaMOOCx

鄭先生早年的成長與求學經驗很特別。12 歲那年（民國 37 年）他離開父母，跟隨三舅到台灣，插班進入臺中一中就讀初二。後來三舅轉到台北任職，他便獨自一人住在學校宿舍，直到高中畢業，考上成大。

從小學到大學都遇過許多好老師盡心教導，啟發鄭先生對求學的興趣與熱忱，是觸動他成立免費磨課師平臺的主因之一。

他說，學生不用功，有的是因自己不努力，有的其實是老師教不好，這點更重要，老師要自我檢討，多動腦筋，怎麼教才能讓學生有興趣。一個好老師往往可以觸動同學，原本沒興趣的科目，也可變得很有興趣，「我就是一個活的例子」。他在臺中一中遇到教代數的汪煥庭老師，在成大遇到教普通化學的賴再得老師，他們教學認真，更經常鼓勵稱讚他，讓他建立起數理科的信心與興趣，一直感念在心。

鄭先生回憶，他小三到小五遇到一位教得很好的汪姓級任老師，但因外在因素被排擠，只能帶班到小五，無法帶到畢業。當班長的他當時很替老師打抱不平，就說「老師你走，我也走」，於是沒有讀小六，就直接跳級考進初中。但也因沒學到雞兔同籠等小六的算術，未扎好根基，初一他其他科目的功課都還不錯，唯獨數學趕不上，老師看在他是班長份上，只勉強給他及格。當時他心想，「將來大概和技術這條路無緣」。

就讀臺中一中初二時，因擔任教職的舅舅工作也不是很穩定，他除了申請閩北同鄉會獎學金，也打過零工，有段日子過得很辛苦。但他當時最擔心的是數學，認為自己在大陸鄉下學校都快不及格了，到中一中恐怕更

有問題，該怎麼辦？為了不讓自己失學，他強迫自己加倍認真，加上教代數的汪煥庭老師教得很好，他第一次小考竟然意外拿滿分。

鄭先生說，他個兒小，坐第一排，汪老師當時摸摸他的頭，稱讚他考滿分很不錯，讓他更有信心。後來只要他成績低於 80 分，汪老師就會問他為何失常，他只好從此以 80 分為自己及格的最低標準。

汪煥庭老師不只書教得好，也代替鄭崇華的父母，照顧這個住在學校宿舍的外地學生。當時暑假學校伙食斷了，住宿的單身老師中午搭了一個飯局，只要有老師因故沒來吃飯，汪老師就找他來頂替，讓他中午也有飯吃。

後來教幾何的嚴其昌老師，也教得很棒，用很生活化的例子引發學生興趣，證明幾何很有用處，要好好讀。例如他問學生，假如給你一根棍子、一條皮尺，如何不用爬上中一中的旗桿，但利用太陽，也能測量旗桿有多高？其實很簡單，先量地下旗桿的影子有多長，再把一米的棍子插在地上，量棍子的影子長度，再依旗桿、棍子影子長度的比例，就可算出旗桿的高度。

有幸遇到汪煥庭、嚴其昌這兩位特別認真的好老師，鄭崇華上課也格外認真聽講，數學成績都很好，從此產生興趣與信心。

考大學時，他考量自己的分數，只報考成大礦冶系。入學後很幸運地遇到教普通化學的賴再得老師，以物理的角度出發，從原子、分子構造講起，讓學生瞭解化學反應的基本原理，很有邏輯、順序地由淺到深，內容豐富，重視理解，啟發鄭崇華對研究科學的興趣，也建立對學習科技能力的信心。「今天我管理台達，很多他當年講的東西，都可拿來用。」鄭先生說。

至今賴老師上課的情形及講解的內容，仍歷歷在目，印象深刻。鄭

先生說，他從不缺席賴老師的普化課，特別用心聽講，即使生病也要去上課，且經常請教老師，並得到詳盡解答。他還記得，曾在美國教書的賴老師，有次拿了幾頁普渡大學碩士班畢業考的題目，請班上同學在一小時內作答，全班只有他拿到最高分 88 分，賴老師稱讚他很不容易。

鄭先生一直思考，如果當年有工具與技術，能將賴再得老師講課的內容與過程，錄製保存下來，一定可以讓無數學生受益。他特別感恩在求學過程中，能遇到像汪煥庭與賴再得這樣的「好老師」，激發他對學習數理科學的興趣，學生時代所奠定的數理科學的知識，也正是他日後創業有成的基礎。

他相信，只要有「好老師」的教導，學生的學習便可以有很大進展。當他瞭解 MOOCs 的開課方式與教學功能，是未來教育的重要趨勢，因此想到如何善用 MOOCs，將「好老師」的教學內容與效果，推廣給更多學生。

◈ 蒙古生自學錄取名校，MIT 校長透露 MOOCs 神奇威力

鄭先生表示，任何人生下來，應該都有平等受教育的機會，不能因為家庭經濟狀況不好而有差別。國外開始推動 MOOCs 之後，有次 MIT 校長和他見面時提到，MIT 推動 MOOCs 一兩年之後，讀 MOOCs 的人，比過去幾十年念 MIT 的學生還要多。

MIT 校長還提到，曾有一個蒙古學生，沒受過什麼教育，但上網把某一系列專業的 MOOCs 課程都念完了，還寫信問 MIT 是否有更深入的課程。老師當時非常詫異，因為這個學生根本沒受過一般教育，只透過網路學習，很好奇這學生是何方人士。MIT 於是把這名學生找來，面試之後，

發現他真的很懂這些課的內容，於是 MIT 破格錄取了這名學生。

鄭先生說，今天各國教育雖有不同，但一般老師的教學都是上課、考試，教育界沒有很大的變革。但藉由 MOOCs，可讓沒機會受教育的人，在下班後或任何時刻，都可以從網站學到一些有需要或有興趣的東西，不一定全部都要在學校學習，可促成教育立足點的平等，而非齊頭式平等。

「人才培育白皮書」的報告，於 2013 年底正式陳報給教育部。其中在教學方式及國外教育發展的新趨勢，也涵蓋了 MOOCs 的興起及其帶動線上教學的影響。事實上，教育部資訊及科技教育司也注意到 MOOCs 的教學趨勢，在 2013 年初開始規劃推動大學開設 MOOCs，10 月開始徵件，第一個年度編列 5000 萬元，補助大學開設 100 門磨課師課程。

鑑於 MOOCs 強大的功能及其所帶動的風潮，鄭先生也在思考如何藉 MOOCs 幫助國內學生的學習。

2014 年初，透過時任台達電子文教基金會（以下簡稱基金會）執行長郭珊珊女士的聯繫，鄭先生邀請彭宗平教授到基金會，希望進一步瞭解 MOOCs 的內涵、功能及國內外最新的發展狀況，並討論基金會贊助教育界推廣 MOOCs 的可能方向與作法。

雖然教育部已開始推動並補助各大學開設 MOOCs 課程，但大多以通識、語文及管理課程為主，再加上少數資訊課程，課程零散未整合，也沒有制式的規格，基金會若要開設 MOOCs 課程，首要原則即是聚焦在特定領域，以發揮效果。

鑑於時值「鮭魚返鄉」台商返台投資熱潮，卻又面臨勞力短缺，且台灣少子化情形益趨嚴峻，加速生產自動化，以機器替代人力，一定是產業未來發展的方向；同時，德國在 2011 年提出「工業 4.0」的概念，雖然主要意涵是智慧製造，但製造過程又必以自動化為核心。自動化是產業升級

的關鍵，製程不能再仰賴人工；而高精度、高自動化的製程，也才能符合未來少量、多樣、快速的製程需求。

◆ 2014 年 DeltaMOOCx 誕生，優先實施自動化學程

幾經討論，鄭崇華決定以「自動化學程」為優先實施的核心領域，未來再擴及電機與機械相關領域，並將基金會贊助的 MOOCs 平臺定名為「DeltaMOOCx」，即「台達磨課師」。平臺名稱會用 x 代替 s 的原因，除了發音相同之外，也借鏡許多平臺都冠以 x，例如 edX、MITx、TsinghuaX 等。

MOOCs 的發起與實施，係針對大學開設線上課程，但之前類似的構想，也已在中小學進行。美國的可汗學院（Khan Academy），即是最具代表性的平臺。台灣也在方新舟先生的努力下，成立「誠致教育基金會」，引進可汗學院的教學模式，設置「均一教育平台」，開設線上課程，並先從國小、國中課程做起。

不同於美國的大學入學制度，台灣高中生須參加「學科能力測驗」或「指定科目考試」，以其成績申請或選填志願，進入大學。因此，基金會同時也決定，就普通高中的數學、物理、化學、生物、地球科學等 5 科，以及高工的電機電子群科的核心科目，包括基本電學、電子學、數位邏輯、電工機械等課程，以 MOOCs 的方式開設線上課程，提升高中生自然學科與高工電機電子學科的能力。關於基金會如何規劃與推動高中 / 高工的 MOOCs 課程，將於另一專書詳述。

教育既是志業，也是長期永續的工程。基金會決定出資開設 MOOCs 課程，除聚焦於自動化學程外，另外也堅持兩個原則，亦即 DeltaMOOCx

是基於公益，並且將長期永續經營，以達成效。

　　確立以上三個原則後，下一步即是規劃與執行。首先，彭宗平受邀擔任「台達自動化磨課師課程計畫」主持人，而計畫也獲得臺北科技大學校長姚立德、臺灣科技大學校長廖慶榮及雲林科技大學校長侯春看極力支持，由台達電子文教基金會聯合三所重點科技大學，成立聯盟，共同規劃及開設課程。

　　聯盟下設兩個委員會：「課程審議委員會」與「課程規劃委員會」。「課程審議委員會」由彭宗平及三校代表北科大機電學院院長楊哲化、臺科大研發長恒勇智及雲科大教務長方國定組成，彭宗平擔任召集人。除協調共通事務外，也依課程規劃之課程內容、呈現方式、教師教學方式等，審議即將上線之課程。

　　「課程規劃委員會」最重要的兩項任務，即（1）規劃課程地圖（包含師資規劃），（2）審議每一門課之課程規劃。委員會由北科大陳金聖和曾百由、臺科大蘇順豐、雲科大蘇國嵐教授，以及台達電子公司機電事業群（IABG）運動控制事業部總經理蔡清雄博士組成，後來又加入雲科大洪崇文，而臺科大改由蔡明忠教授擔任。

　　DeltaMOOCx 課程經費由鄭崇華先生經由台達電子文教基金會全額贊助，台達機電事業群則捐贈三校實驗設備，提供自動化產品，輔助教學。基金會的執行長郭珊珊女士（現為基金會副董事長）及副執行長張楊乾先生（現為基金會執行長）負責經費編列與管控、合約的簽訂與執行，以及各合作單位的協調；而計畫的推動，除由彭宗平教授擔任主持人外，並在清華大學設立專案辦公室，綜理各項事務的聯絡與協調，負責整體計畫的執行，並定期會同基金會向鄭先生報告執行進度。

　　DeltaMOOCx 台達磨課師課程的授課對象首重台灣，並放眼中國大

台達集團創辦人暨榮譽董事長鄭崇華先生（右）、DeltaMOOCx 計畫主持人彭宗平教授（左）。

陸及東南亞華人地區。因此，課程講授及教材、字幕以中文為主，字幕可轉換成其他語文，以利高教輸出。三所科大與台達基金會於 2014 年 7 月訂立合約，正式成立聯盟，隨即展開自動化磨課師課程的製作。

推動初期，基金會尚無自建資訊平臺的規劃，因為當時已經有幾個開課平臺可供利用，包括 ShareCourse、ewant、Proera 及 OpenEdu。其中 ShareCourse 由清華大學黃能富教授（現任電機資訊學院院長）開發，後來委由捷鎏公司經營管理；ewant 由交通大學李威儀教授團隊開發經營，並結合中國大陸的各交通大學校區及台灣空中大學一起推動磨課師；Proera 由資策會開發，後來與 ShareCourse 結合；而 OpenEdu 則是使用由 edX 平臺所提供對外開放的程式碼。

台達機電事業群捐贈雲林科技大學自動化實驗設備，輔助實作教學。

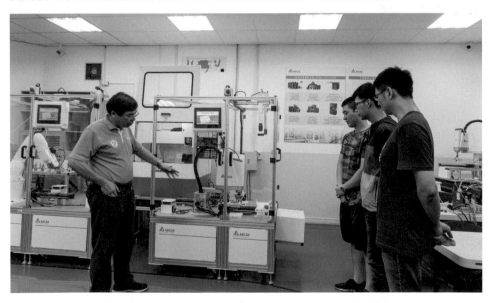

臺北科技大學長期和台達產學合作，圖為該校副教授曾百由利用台達捐贈的自動化實驗設備，向學生講解操作。

台達與臺灣科技大學攜手合作，成立聯合研發中心。圖中左起四為台達前機電事業群（IABG）總經理張訓海，現任台達營運長。

◇ ShareCourse 同意為 DeltaMOOCx 開發客製化功能

　　基金會與黃能富教授協商後，黃教授同意提供 ShareCourse 供 DeltaMOOCx 使用，基金會也與捷鎏公司另簽訂合約，委請捷鎏為 DeltaMOOCx 開發客製化功能。國內各大學開設的磨課師課程，當時有極高比例課程是利用 ShareCourse 平臺上線。此平臺的功能相當齊備，包括線上問答、即時討論及後臺數據分析等，可提供 DeltaMOOCx 相當完善的協助，黃教授也經常義務幫忙推動 DeltaMOOCx。

　　如前述，基金會也同時贊助高中／高工的磨課師課程。由於高中／高工課程的運作方式及後臺的管理與數據分析和大學迥異，大學磨課師的經

營概念與方式，無法完全複製到高中／高工，客製化項目的需求亦逐年提高。2018 年基金會乃決定為高中／高工課程重新另行開發新的平臺，並委託元智大學前資訊長蘇傳軍教授（現任智慧生產與管理創新研究中心主任）的團隊，以 Open edX 為基礎，開發專屬 DeltaMOOCx 的高中／高工平臺，並於 2019 年 3 月上線。

該平臺開發響應式介面，可因應各種載具，包括個人電腦、筆電、平板及手機，自動調整頁面的呈現方式，方便學習者使用。植基於高中／高工版的新平臺，大學版的新平臺亦於 2020 年 1 月上線。所有課程的教材及使用者資訊，因此也從 ShareCourse 移轉至新平臺。DeltaMOOCx 能在 2014 年 7 月開始籌劃，並於 2015 年初即開始推出自動化課程，要特別感謝黃能富教授及捷鎏公司多年來的大力協助，受益於 ShareCourse 至鉅。

磨課師教材影片的錄製，實為開設課程最重要的項目。揆諸國內外各平臺的課程，影片的錄製方式與品質不一，錄製地點可能是教師的研究室、課堂，甚至是家裡，錄製方式可能是自行桌錄或是課堂實況錄影，較講究的則是在大學設置的攝影棚由專人協助錄製。但即使是同一所大學開設的課程，每位教師製作的教材格式亦不同。

⬡ 愛爾達電視台錄製高品質課程，每段影片設定 10 分鐘

DeltaMOOCx 籌劃之初，便有建立品牌的想法，希望所有影片都經過專業的攝影與後製，齊一規格，確保高品質的畫面。因此，基金會選定與國內第一家製作高解析度影片的愛爾達（Elta）電視台合作，由愛爾達負責錄製影片。

確定使用 ShareCourse 平臺及選定愛爾達負責影片錄製之外，還有最

DeltaMOOCx 所有課程都在愛爾達電視台的專業攝影棚錄製,圖為攝影棚工作人員在副控室監看錄影畫面。

教育部長潘文忠(第二排右起六)擔任國教究院副院長時,曾和 DeltaMOOCx 授課教師一起參觀錄製課程的愛爾達電視台攝影棚,由愛爾達董事長陳怡君(第二排右起五)接待。

重要的工作，即課程規劃和授課教師的推薦。「課程規劃委員會」經過多次反覆討論，考量自動化領域涵括了電機、機械及資訊的基礎和專業課程，課程規劃的原則，因此必須兼顧基礎及專業。

首先將課程「群組化」，分為基礎課程、電力與自動化課程、微算機及電腦輔助課程，以及影像應用、機器人、機械設計等應用課程，共 4 個類別。

其次，將課程分級，循序漸進，各課程的內容避免太多重疊或重複，但又要涵蓋與自動化相關的大學部及研究所課程。委員們也就各校現有課程及可負責開設的課程進行討論，原則上，三所科大各負責三分之一的課程。為期能在 3 至 5 年內完成開設規劃表內的主要課程，各校亦同意每學期至少各開設 1 門課。以此估算，則每年至少可開出 6 門課。（DeltaMOOCx 已開課的課程、課程內容及規劃的課程地圖見附錄）

依研究顯示，一般人能夠聚精會神觀看教學影片的時間大約介於 6-15 分鐘。因此，磨課師每支影片設定為 10 分鐘左右。教師在設計教材時，儘量在 10 分鐘內將一個觀念講解完畢，若需要較長的時間闡釋分析一個觀念或原理，則建議分段講解。

由於磨課師課程的教材在錄製前必須仔細規劃，講解節奏也較實體上課緊湊，磨課師每 1 小時的份量，大約相當於 3 小時的實體課程。又依據教育部的學分規定，1 學分的課應該每週上課 1 小時，上滿一學期（18 週），因此，DeltaMOOCx 每門課大都規劃為 18 小時（但可視需要彈性調整），相當於實體課 3 學分的份量。每門課可由單一教師開設，亦可由一個團隊合作開課；每門課由單一學校負責，但可跨校聯合製作。

開課前，錄製教師依據 MOOCs 課程設計原則設計課程，提供課程總表及各單元細項之時間規劃，送請「課程規劃委員會」審議。課程規劃委

員依專業知識、MOOCs課程設計原則及應包含之課程內容進行審議，審議通過後，方能進行課程錄製。

　　由於大多數大學教授並不熟悉MOOCs，清大專案辦公室因此會同愛爾達製作人，共同為錄製教授或團隊舉辦「準備會議」，說明教材製作之規格（為求投影片品質的一致性，基金會提供製作PPT的模版，並建議中文或英文採用之字型、大小、顏色、項目符號，以及投影片的邊界等）、攝影棚的設施、錄影注意事項、影片呈現方式（例如是否露臉或是否須外拍等）；也包括平臺功能介紹及課程經營方式等事項。（DeltaMOOCx開課準備事項、教師錄影注意事項見附錄）

　　錄影前，須先召開「製播會議」，依PPT製作原則逐張審視投影片（PPT編排原則見附錄），也會請錄製教師試講，俾教師對錄影方式及細節有充分瞭解。由於經過攝影前的充分溝通，錄影的進度與品質，也較能掌控。也因為對投影片規格標準化及攝影細節的要求，DeltaMOOCx各課程所呈現的教材影片及品質相當一致，達到建立特有品牌的目的。相較於其他平臺的課程影片，DeltaMOOCx的用心與品質，應可獲得使用者的肯定。

　　愛爾達所負責的錄製工作，包括攝影、剪輯以及編訂字幕。後製完成的影片，送錄製教師校正、修改後，尚須送「課程審議委員會」審議。此為最後階段的審議，不做課程內容的專業審查，僅審查MOOCs課程的設計原則、呈現方式、教師教學方式等。通過後，方能上線。

　　一般而言，送審的影片僅為該課程前兩小時的內容。授課教師會依據審查意見做必要修正，並參酌審查委員對影片內容的審查原則，調整後續尚未錄製的內容與講解方式。雖然並非所有影片均經過審查，但審查機制對課程影片的品質及適切性，確有相當助益。

DeltaMOOCx 開課後，曾陸續舉辦研討會，邀授課教師分享經驗。

◈ 與國教院合辦磨課師工作坊，分享開課經驗，強調師生線上互動

　　MOOCs 在 2012 年發端於美國，迅即散佈至世界各國，而台灣亦於 2013 年開始推動 MOOCs 的線上教學，但大部分的大學教授，並不熟悉 MOOCs 的內涵與作法。為推廣 MOOCs，基金會於 2014 年 7 月與國家教育研究院合作，舉辦磨課師第一次工作坊，邀請高中 / 高工教師與大學教授參加。工作坊的上課內容包括開授磨課師課程所需瞭解的各個面向的知識和開課教師的經驗分享，也包括 ShareCourse 平臺功能介紹及實際操作，之後也定期在寒暑假舉辦工作坊。此外，每學期開課前，專案辦公室與平

台達電子文教基金會董事長鄭崇華先生（前排右起三）、DeltaMOOCx計畫主持人彭宗平教授（前排中）與各校主管及授課教師合影。

臺工程師也共同辦理「TA教育訓練」，確保各科的助教能協助教授經營平臺上的課程。

　　DeltaMOOCx自動化學程所規劃的基礎與專業課程，基本上在三所科大校內也會開設相同或相近的實體課程，因此希望每一門磨課師課程都可以配合實體課，作為輔助教材，包括課程內容與上線進度。磨課師課程因沒有修課身分的限制，只要註冊即可修讀，原則上每週上線1小時，對於自行修課的學習者，應較容易跟上進度；而對修習實體課的學生而言，則可藉由磨課師課程預習或複習，提高學習成效。

　　為求課程順利進行，學生受到充分照顧，基金會並編列課程維護費，

教師得以聘任助教，協助課程的經營管理，包括課程影片上傳、線上測驗（期中考、期末考）及線上答問等。因為每學期都會有新助教加入，除學長可以傳承經驗外，助教訓練也成為定期舉辦的要項。DeltaMOOCx 所有課程能夠每學期上線，正常運作，按時維護，並與學習者保持密切互動，助教的投入是相當重要的因素。「設置助教」實是磨課師課程維護營運極為重要的一環，此或可供其他平臺開設磨課師課程的參考。磨課師上課方式雖然以觀看影片為主，但教師除錄製課程、提供練習題外，與學生的線上互動，更為重要，可協助學生學習，提高學習成效。DeltaMOOCx 有某位教授每週固定時段在線上回答學生提問，學生踴躍參與，討論熱烈。雖然提問的同學以選修其實體課程的同學居多，但也有許多修磨課師的其他同學藉此解惑。

有一些課程沒有期中考和期末考，但以繳交「專案報告」作為成績考核。也有教授規定必須到校參加實作，才能取得修課證明。諸如此類的課程經營方式，效果已不亞於實體面授課程。由於磨課師每門課程修課人數眾多，考試題型以「選擇題」居多，由程式自動批閱計分，但也有部分教授堅持採用「問答題」，雖然必須逐題逐卷批改，但對學生的思考力與表達能力，確有幫助，也更能瞭解學生真正的學習成效。

平均完課率 3.43%，與國內外其他平臺相近

根據一般磨課師課程的統計分析，成績合格取得修課證明書的完課率，大約在 3-6%。DeltaMOOCx 課程核發修課證明書的比率介於 2-10%，平均為 3.43%，與國內外其他平臺的完課率相近。

DeltaMOOCx 係基於公益，推廣自動化科技的線上課程，平臺所有的

影片也同步上傳至 YouTube 與 YouKu（优酷），且對外公開，學習者可自由使用。如果只是要觀看影片，並不需要連上平臺，可直接在 YouTube 搜尋課程名稱即可。教師也可隨意選取 DeltaMOOCx 的影片，作為其上課的教材或補充教材，提供給學生參考。

此外，不管是早期使用的 ShareCourse 平臺或目前自行開發的新平臺，兩個平臺都可提供給教授們作為開設 SPOC 之平臺。按 SPOC（Small Private Online Course）係小型、封閉式的線上課程，教師可利用 SPOC 的平臺與方式，配合實體上課，達到更佳的教學效果。只要向清大專案辦公室申請，獲得授權，即可使用平臺的各種 SPOC 之功能，經營其課程，其功能較一般大學使用的 ILMS（Integrated Learning Management System）強大，不僅師生可以互傳檔案資料、線上問答、批改作業與試卷等，更重要的是教師可以從後臺瞭解學生的學習紀錄。

在數位教學與學習的時代，SPOC 必然是教師應該採用的教學工具。事實上，不僅有教授在 SPOC 使用 DeltaMOOCx 課程影片，也有教授將自己在 DeltaMOOCx 錄製的影片，用於企業專班的課程。雖然專班採收費制，但因係作為補充教材，且任課教授即為影片的錄製者，基金會亦樂觀其成。（DeltaMOOCx 創辦大事紀見附錄）

鎖定自動化學程，
縮短學用落差

「學用落差」是台灣高等教育的一大問題。在升學主義的長期桎梏下，社會重視學歷甚於能力；加上大學教師升等論文掛帥，輕忽教學及產學合作績效，導致課程與實務脫節，學生畢業後空有文憑，卻不具備就業所需的基本能力，很多人學非所用，浪費高教資源。

　　隨著少子化加劇，國內學用落差、產業缺工的情況更加嚴重。DeltaMOOCx因此鎖定推動促進產業升級，減少人力的大學自動化學程；且透過台達捐贈實驗設備輔助教學，台達主管參與規劃課程，讓課程更強調實務應用，更貼近業界需求，有效縮短學用落差，也為企業協助培育人才，善盡社會責任，立下典範。

◆ 台達主管參與規劃課程，提供務實建言

　　台達電子公司機電事業群運動控制事業部總經理蔡清雄，就讀成大博士班三年級時，就進入台達工作，至今已23年。他應邀擔任DeltaMOOCx課程規劃委員，包括課程如何避免和實務脫節、業界目前使用之設備等，他都提供務實、深具建設性的意見。

　　蔡清雄指出，國內大學教育問題的關鍵之一，在於老師是否與時俱進，跟著產業發展的脈動前進。如果有，訓練出來的學生絕不會有就業問題，可能還沒畢業，很多公司就急著搶人才。

　　然而，台灣教授升等仍以論文為主要衡量標準，大學把大量資源投注在學術研究，但距離產業能真正應用的地步，往往還隔得很遠，導致嚴重的產學落差，讓台灣經濟發展處於不利的條件。

　　此外，現有法規制度為避免利益輸送，對教授參與業界產品開發有太多限制，也讓他們卻步。「台灣的學生因老師較少接觸業界，從書本得到

台達電子公司機電事業群（IABG）運動控制事業部總經理蔡清雄。

的知識比較多，實務經驗相對比較少，這是個很嚴重的問題。」蔡清雄如此表示。

　　尤其科大課程，照理說更應務實致用，卻也逐漸失去特色，和普通大學沒有很大區別。蔡清雄說，有些科大老師對學生上課打瞌睡，不太習慣，他就會反問老師，「你上課教的，和學生將來就業有關嗎？」若所學和就業無關，搞不好學生上課睡覺，還可養足精神。

　　基於學用落差的困境，蔡清雄說，台達針對剛畢業的新人，通常會再給予完整的訓練，「但並非每家公司都能像台達一樣，因為要把新人訓練起來，要導入很多成本。」

⬡ 畢業學非所用，磨課師助社會新鮮人在職訓練

他表示，台灣的教育體制下，讓很多人「不務正業」，畢業後的工作和所學不一樣，被迫再度學習。但到職場後，受教育的機會在哪裡？這是要迫切解決的問題。因為社會新鮮人不可能參加補習班，更何況一般補習班也不可能教他們工作上的專業知識。台達磨課師因此發揮很大作用，把一堂 50 分鐘的課，用約 10-20 分鐘的影片，很精簡、實務地把專業課程最重要的精神講清楚。

蔡清雄以自己為例，有時某個想法出現，也會 Google 一下 DeltaMOOCx 的相關課程，許多教授講課深入淺出，他大概聽了一下，了解一些以前沒注意到的部分，就知道後面要注意什麼細節。「透過這短短十幾分鐘的網路課程，若開引你對某個議題的認知，就很容易進去這個領域，快速得到相關知識，這是磨課師最大的作用。」

「台達磨課師把職場訓練不足的漏洞補起來，對業界人士幫助很大。」不過，蔡清雄強調，這並非要修課學生將來買台達產品，也非為了台達的獲利，而是基於公益的再教育平臺，讓在職人士有受教機會，對整個經濟發展，也有很大幫助。

蔡清雄說，台達等企業未來或許可以鼓勵新進員工，針對職務需要的某些自動化基本能力，去看台達磨課師的課程，進來幾個月後，看他們修課有沒有及格，形同把磨課師當成檢核新人基本能力的工具。

蔡清雄甚至發想，未來徵求某些職缺，可事先告訴應徵者，要去看台達磨課師的某些單元，考試及格，才較有機會進來，藉此看新人用不用心。因為磨課師的內容偏基本面，有心的人，自己會再更深入學習，「台達在空中找了那麼多師傅把你引進門，後面的造化就要看自己。」

臺北科技大學校長王錫福。

　　臺北科技大學校長王錫福說，學用落差很難避免，以他所學的材料工程為例，應用範圍從冶煉、鑄造、半導體、面板到被動元件等許多領域，學校不可能每個領域都教得很深入。國外一樣有學用落差的問題，不能完全歸咎於學校教學，有時是因產業型態太複雜。

　　不過，學生進到業界後，可針對工作需要、但在校沒學過或沒學好的知識，到磨課師平臺修習相關課程。由於沒有時空限制，今天可先看一半，明天再看另一半，一遍看不懂，再看第二、第三遍，看到懂為止，到外地出差時也可上網修課，對縮短學用落差，有相當幫助。

◈ 臺北科大校長：在職專班休學率高，上磨課師可改善

王錫福表示，臺北科大的在職進修課程，常遇到學生到外地出差，或要趕某項業務、計畫，一忙好幾個禮拜，無法到校上課。但上DeltaMOOCx 就沒有這類問題，對在職進修或終身學習，很有意義。台達未來可結合更多大學的推廣教育資源，發揮最大效益，例如鼓勵各校在職專班採計 DeltaMOOCx 的課程，認證三分之一的學分，也就是原本 18 週的課程，只要到校上 12 週即可，其他 6 週只要上網看磨課師。

臺北科大教務長楊士萱則表示，各大學現有的 OCW 開放課程或磨課師課程，以通識課居多，但可能沒回應到產業需求及科大本位課程。不過，業界在抱怨大學生就業能力不足時，也應反思自己是否善盡人才培育的社會責任，台達願意推動自動化課程，較能從根本解決產學落差的問題。

臺北科大過去和台達產學合作密切，包括課程、業師、設備的引入，並提供實習、就業機會等，再搭配台達磨課師，大多針對專業科目設計，且儘量使用業界設備為教材，更能縮短學用落差。

楊士萱指出，使用 DeltaMOOCx 配合學校教學，許多學生甚至以觀看磨課師教材為主，平面教材反而成為輔助工具。對於現代的學生，更能接受這種教學方式。以往臺北科大部分課程也會錄影，但不像台達磨課師錄得這麼精緻，且一門課有三個助教帶動討論及回答問題，學生都很感謝。

◈ 臺科大校長：企業內部訓練，可結合台達磨課師

台灣科技大學校長廖慶榮則認為，可以鼓勵業界善用 DeltaMOOCx。

臺灣科技大學校長廖慶榮。

例如他相信工研院應該有人修習台達磨課師的課，但人數不多，工研院就可以台達磨課師為教育訓練內容，另外找一個老師來帶領課程，將全院對自動化課程有興趣的人整合起來，更能發揮價值，也不用花太多成本，頂多付教師鐘點費。

臺科大也曾經接受企業委託，成立自動化代訓專班，就採用DeltaMOOCx「自動化工程導論」、「工業 4.0 導論」這兩門線上課程當教材；也有教授在產業碩士在職專班的入學考，指定「工業 4.0 導論」為考試內容。畢竟台達花了上億元錄製這麼好的課程，當然要充分利用。

廖慶榮說，台達以身作則開設磨課師課程，他希望能帶動國內企業網

路興學的風氣。像鴻海在大陸的員工數以百萬計，也有內部訓練的「富士康大學」，即使只為了員工教育訓練，也應該做磨課師，例如可拍下生產線的實務操作過程，新進員工平時可反覆練習，不必再花太多成本實體訓練。台達已證明 DeltaMOOCx 這套磨課師課程很成功，其他業者若需要也可好好推廣。

◆ 錄製自動化課程難度高，DeltaMOOCx 更具前瞻性

DeltaMOOCx 審議委員、臺科大前副校長恒勇智指出，台達磨課師的課程之所以鎖定自動化領域，是因當時普遍認為國內產業要升級，且技術成熟度也到了某個階段，若不好好思考應用自動化新的技術，國際競爭力恐落後。

恒勇智曾在美國摩托羅拉公司工作二十幾年，後來升任歐洲副總裁。他從業界退下來之後，返台先擔任臺科大客座教授，又到工研院擔任國際中心主任，再回到臺科大，先後擔任研發長、副校長等職務，退休後定居英國。同時待過業界、學界、研究機構的他，對國內高教發展有更深刻體會。

他回顧，當時德國正在推動工業 4.0，他曾到德國慕尼黑工業大學等德國幾個最前瞻、且和西門子等大企業合作的學校參訪，看他們如何推動工業 4.0；再加上美國、中國大陸、日本等國也跟上腳步，更讓大家確定，台灣不只要注重自動化，也可透過磨課師幫業界建置實力與基礎。不論是培育人才需求，或進一步利用科技資源，讓自動化、智慧化有更多創新發展，大學絕對責無旁貸，要扮演創造新知的教育角色，這是規劃台達磨課師課程的指導原則。

不過，自動化非只限定狹隘的自動控制，從化工、機械到電機等很多理工學門都和自動化相關，包括 IC 設計也需要很多自動化的知識。DeltaMOOCx 的自動化學程規劃，偏向比較基本的學科，讓學習者一開始對自動化就有一個很正確、很實務面，卻不複雜的認知。

他說，德國、日本的自動化教育很深入，例如從小教孩子利用積木式的機器人，讓它們動起來。反觀台灣，雖然也有許多中小學辦機器人比賽，但仍侷限少數學生參加，並非很廣泛、深入地讓所有學生平時就有自動化的基本認知。

「當初選定工業自動化為開課領域，實在太前瞻了！」DeltaMOOCx 審議委員、臺北科大前副校長楊哲化表示，DeltaMOOCx 把課程聚焦在工業自動化領域，除因現今國力和自動化有很大關係，也因目前國內磨課師大多只開設簡單的通識或基礎課程，自動化要用到很多相關硬體及套件，不容易在網路呈現，最難做成磨課師。

他說，上網搜尋 MIT、史丹佛等國外名校，雖然都開了很多優質磨課師課程，但自動化領域的課真的很少，台達因此挑最難的領域開課。

此外，自動化相關課程有很多枯燥無味的內容，例如自動控制、機器人等，用到很多數學，如何把艱深的數學消化成學生願意看、也看得懂的內容，更是一大學問。

◈ 台達磨課師拍實作講解影片，學校上課有更多機會操作

自動化課程往往需要實作，也很難完全落實。楊哲化說，由於修課學員不見得都是在校生，可能在業界，甚至在海外，無法到校上實作課。DeltaMOOCx 當初規劃、設計課程時，只能儘量要求老師演示，拍一段很

好的影片教學生怎麼操作，只要把實作過程一五一十交代得清清楚楚，其實也就夠了。例如雲林科技大學副教授洪崇文在「數位電路設計」這門課，就把實習課的部分拍成影片，令人印象深刻。

臺北科大教務長楊士萱表示，科大以往實務教學課程，大部分時間都在示範解說，因為學生眾多，能實際操作器材的時間相對比較少。但透過重複觀看磨課師的外拍錄影及詳細分解圖，可讓學生更直接、更清楚示範操作，有效提升實務學習效果。台達磨課師推動5、6年來吸引許多業界人士修課，顯見課程內容已超越學術理論，可滿足相當程度的實務技能。

楊哲化說，現在年輕的一輩，上網看影片學東西，早習以為常，例如你不會修車，看 YouTube 就會有人教你；不會煮牛肉麵，網路也有很多教學影片；甚至剪頭髮，也可上網學。磨課師的演示影片只要拍得好，就很有參考價值。

「磨課師其實就是 online 線上教學的概念，只不過更進步，提供線上發問、討論、測驗的機制。」楊哲化說，6、7年前錄製台達磨課師時，當時線上課程還不是很受注意，現在講線上課程，百分百大家信服。

恒勇智說，當初台達電子文教基金會董事長鄭崇華推動台達磨課師自動化學程，不只希望成為華人世界的第一品牌，讓學生看過後覺得不錯，願持續選修，更希望國內業界在職人士也有意修課。

業界人士和一般學生的主要差別，在於很多課程在學校念過，也有基本概念，如要再花時間上網修課，對他們目前的工作要有實質幫助。這因此是審議課程的一大重點，要強調應用面，讓在職人士認為一定值得投入，願意修課。尤其科大課程偏向應用、實作，學生本來就應儘早和業界接軌，了解理論後，要能實際應用。

蔡清雄說，就產業界的角度來看，未來磨課師要做的，應更偏重實務

演練。畢竟要讓所有學員進到實驗室來，不太容易，但因磨課師深入淺出的介紹，更知道某學科的內容，下一階段的磨課師，就應該給學生更實務的演練。但不必是很複雜、要花很多錢的實驗，而是從基本教學核心內容出發，用實驗證實，理論和應用可以連結。

不過，在職人士選修磨課師，每個人的時間安排不一樣，有的人下班後及假日還要照顧小孩，即使學校開放實驗室，他們也抽不出時間到校上實作課。蔡清雄說，未來若有些課程相關的實驗器具、程式或內容設計，可當成套件來販賣，學員就能在家裡做實驗，不會浪費太多時間；但他強調這不是為了獲利，而是為了推廣磨課師教育。

蔡清雄以自己為例，就讀高中時，對正式的課程不是很有興趣，總覺得沒什麼用，反而喜歡到電子材料行買很多零件、套件自己回家做。未來推動磨課師時，若有類似的合作商店，學生可以買某些課程的基本套件，回家自己實驗，會比較務實。

此外，磨課師是否一定要由教授來上課？蔡清雄認為未必。他說，磨課師同時也可以是授課人才養成的平臺，非單單只是學習者的平臺。某些領域的專家或業界人士，如果可以把該領域的核心知識講得很簡要，很清楚，即使非教授，也應該請他們來開課。

◆ 三校集思廣益，由淺到深規劃課程地圖

DeltaMOOCx 設定推動自動化學程、縮短學用落差的基本目標之後，接著就要具體規劃開哪些課、找誰來教、如何錄製影片、怎麼經營、怎麼推廣。透過臺灣科大、臺北科大、雲林科大三校的課程審議委員、規劃委員集思廣益，擬定每個步驟、每個環節，最後訂出標準作業流程（SOP），

確保課程品質一致，不會參差不齊。

　　DeltaMOOCx 課程規劃委員、臺北科大副教授曾百由指出，一開始三校先各自盤點、篩選出既有的自動化相關課程，避免重複，一些已有網路教學資源的基礎通識課程也排除。最後由課程規劃委員會規劃出大一到研究所的課程地圖，從比較基本的電磁學、數位電路設計、微算機原理及應用，到進階的機器人學、機器視覺等，力求把錢花在刀口上，把目前缺乏資源的自動化專業核心課程開出來，至 2020 年共開出 32 門課。

　　由於三所科大的課程有很多重複，因此要先協調出負責開各門課程的學校，再找自己學校的老師開課，或找他校共同開課，例如「機器人學」，臺科大、北科大都有開課，就由北科大 5 位教授合開；「電機控制」則由臺科大魏榮宗、虎尾科大李政道、勤益科大王孟輝等三校教師共同開課。

　　統計至 2020 年開設的 32 門課當中，就有近一半由兩位以上老師共同開課，其中有 9 門課是跨校共同開課。

　　此外，某些和工業自動化沒直接相關，但現在或未來可能會用到的學科也納入課程。課程審議委員楊哲化舉例，繼工業 4.0 之後，政府也要推動商業 4.0，DeltaMOOCx 因此納入「智慧商務導論」這門課；再如機構學，原本不在工業自動化的範疇內，但生產線要自動化，機構設計很重要，於是把「機構設計與應用」也納進來。

　　曾百由說，過程中若有教授因抽不出時間或負擔太大等因素無法參與開課，就協調其他學校的老師來開設，「課程從未因為找不到老師而不開」，因為三校組成聯盟可相互支援，若只有一校單打獨鬥就比較麻煩。此外，課程規劃委員會也有共識，DeltaMOOCx 一些課程需要用到的馬達或 PLC 等器材，就儘量採用各校既有台達捐贈的設備產品，以達到互助互利的目標。

◈ 避免網路教材侵權，開課教師最傷腦筋

楊哲化說，在尋找師資的過程當中，遇到最大的阻礙，來自課程要放在網路平臺，很多教授對於版權問題很敏感。因為許多課堂上引用的圖片或影片牽涉智慧財產權，除非取得授權，否則就要重製圖片或自己拍照、錄影，非常費時費力，有的教授因此打退堂鼓。

課程審議委員恒勇智說，要說服教授投入開課，初期難免面臨挑戰。畢竟 DeltaMOOCx 在 2014 年草創時期，磨課師對台灣的教授而言，仍是新的教學模式。雖然教育部也開始推動，規模很大，但各校資源有限，屬於一次性、「陽春型」的計畫，完全由老師用現有資源來做。教授起初猶豫是否要加入 DeltaMOOCx 的行列，是人之常情。

因此在推動時，要站在教授的角度，替他們設身處地著想，開課對他們有何誘因、好處？對師生互動有何幫助？還是反而有負面效應？有了網路課程，學生在課堂，會不會反而不那麼認真？恒勇智當時花很多時間和教授反覆討論，讓他們知道 DeltaMOOCx 有整合性的規劃，值得投入。

恒勇智說，真正說服老師的關鍵，是讓他們知道，從新型的教育型態、資源應用、有助學生解惑等層面，磨課師有新的功能、角色。由於錄製課程要付出更多心力，台達提供的資源，比教育部的補助高很多。他還記得，當時台達電子文教基金會多次安排老師到愛爾達電視台的攝影棚參觀，見證製作群產出的高品質影片，符合網路呈現的專業度，也是讓老師們覺得值得一試的原因。

「一分錢，一分貨！」恒勇智說，台達願投入較多資源，開課教授也相對認真，課程品質自然比較好。畢竟要做好一門課，教授可以投入 10 到 15 倍的時間去準備，也可敷衍了事，用往年一模一樣的課程充數。

楊哲化說，確認課程地圖後，每門課要教的內容，也要擬出課程錄製規劃，交由課程規劃委員會看過，請專案辦公室送外審通過，才可進棚錄影，「可見要進棚錄影片，沒那麼容易的！」楊哲化說，在審議課程時，台達自動化部門的主管也都有參與，會提供業界務實看法，例如討論到微處理器，市面上有千千萬萬種，就會提醒，哪些是現在用的，哪些是已過時的。

為避免課程太枯燥，委員會希望除了講課，還要配合相關的圖片或實作影片等，對投影片也有一定要求，如果太枯燥，也會建議修改。

錄完課之後，影片除了要校對，還要交由審議委員會審議通過才能上架。楊哲化說，「審議委員都是逐秒看」，包括投影片和講課內容的配合、練習題等，有問題就重錄，過程很嚴謹。

一般老師在課堂上課，只要憑著個人經驗，想怎麼上就怎麼上，但楊哲化說，要開台達磨課師的課，從錄製前到錄製後，要經過許多關的審核，比在學校開課難多了。不過，從審議、規劃到錄製，都是teamwork，只要答應開課，會有完整的團隊協助教授，不會讓你孤軍奮鬥，大小事全包。

楊哲化表示，要不是台達，根本做不出這整套高品質的自動化課程。尤其台達電子文教基金會董事長鄭崇華先生很認真，每次開檢討會必定到場，聆聽大家的意見，很讓人感動！

◆ 雲科大提供開課經驗，協助建立 DeltaMOOCx 架構

值得一提的是，在臺科大、北科大、雲科大三校當中，雲科大在加入聯盟，參加推動 DeltaMOOCx 前，就已有推動磨課師的經驗，也有錄製

雲林科技大學校長楊能舒。

影片的專業攝影棚。校方當時提供很多經驗，有助於訂定錄製課程基本架構和 SOP。

雲科大校長楊能舒分析，相較大陸，國內磨課師課程至今仍無法大規模推動，除因人口少、市場小，還有一些結構性因素，例如多數教師未具遠距教學開課經驗，直接跳到磨課師這類大規模開放課程，數位教學經營能力未及；且若要自製教材，也缺乏穩定經費來源，多半僅從計畫經費支應。

此外，國內大學也欠缺支持開設正規遠距課程的管理經驗，突然要開放跨校選修的磨課師課程，無例可援；資源挹注也未能投放在遠距課程，使得多數學校的線上課程時常斷炊，即使有錢錄製課程，也沒預算後續經

營。

　　開課量低也導致實際修課人數少。楊能舒指出，雲科大曾大規模調查，發現 8 成以上大學生，對線上學習有正面意願。但學生回顧從小到大學習經驗，透過線上課程取得正規學分的機會寥寥可數，不利使用網路作為線上學習的工具。

　　相較其他大學，楊能舒表示，雲科大早年創立之初便相當重視 e 化，管理學院很早就開辦數位學習碩士在職專班。由於平時就有研製數位教材與開設數位課程的能力，也提供教師經費、攝影棚、專責攝影團隊等資源，加上教師評鑑、升等皆有加分，才讓國際興起磨課師課程時，教師能無縫接軌，製作的課程能上架全球知名平臺。

　　楊能舒指出，教育部於 2014 到 2017 年，推出 4 年一期的「全面化數位學習推動計畫」，雲科大積極投入推動磨課師課程，第一年獲補助開 4 門課，第二年申請 5 門課，也全數通過。總計至 2020 年，7 年內已獲教育部補助自製逾 23 門磨課師課程，居技職體系之冠。

　　楊能舒舉例，雲科大教授劉威德主講的「應用心理學」，2014 年先在新竹交大的 ewant 平臺上架，隔年又在上海交大的「好大學在線」慕課平臺推出。在大陸除了新疆以外，各省都有學生上網修過這門課，可見頗受歡迎。也因此在 2015 年獲上海交大推薦到美國的磨課師平臺「Coursera」，台灣只有雲科大和台大的課曾獲選上架。

　　此外，雲科大數媒系教授陳世昌和楊晰勛 2014 年合開的磨課師課程「2D 動畫製作」，隔年受邀到北京清大的「學堂在線」開課，第一年註冊人數近萬人。楊能舒說，陳世昌曾長期在國內動畫公司上班，參與過許多迪士尼動畫電影的製作，到雲科大任教是為了傳承技藝，因經驗豐富，加上台灣國語的獨特口音，讓他風靡大陸。

雲科大副校長、DeltaMOOCx 審議委員方國定表示，早在和台達合作磨課師的前兩年，雲科大就已在推動磨課師，目標是把雲科大最強的課程推出去，課程不亂開，而是針對 2D 動畫、心理學等領域，各 3、4 門課綁成一個模組，循序漸進，慢慢鋪陳。

　　台達磨課師自動化學程，是另一個模組，差別在於由雲科、臺科、北科等三所科大共同推動，他因此提供雲科大之前的經驗給大家參考。

　　他舉例，磨課師課程的每段影片，不能太長，根據雲科大的及國外的經驗，每段只要 6-10 分鐘，學生才會專心看，不能長達半小時或更久；一張投影片也只要講一個概念就好。且錄製課程，除了要在室內、室外取景，也要透過動畫來解說概念，不要只有投影片。例如 6 分鐘的影片，每 30 秒就出現一個動畫或小測驗，不要全部都在講投影片，推導公式。

　　不過，DeltaMOOCx 因授課教授都是工程背景，上的又是比較硬的自動化課程，方國定說，要拍得活潑比較難。像北科大副教授林顯易講授的「數位信號處理器」，一開始就用烏克麗麗自彈自唱，介紹為何要學這門課，就比較活潑。

　　方國定還表示，類似微積分等科目，有時老師講課，不見得學生都能聽懂，反而是學生教學生，比較容易理解。雲科大因此也補助學生，針對許多科目的「困難點」拍磨課師影片。

◆ 磨課師從規劃、錄製到推廣，都應有 SOP

　　方國定強調，推動磨課師，應該從課程設計、錄製，到課程經營、處理著作權等不同階段，都要成立不同團隊，設定每一環節的 SOP，檢視有無問題。例如課程設計認為需要製作動畫，就引進團隊協助；若教授擔心

雲林科技大學副校長、DeltaMOOCx 審議委員方國定致力推動磨課師及創新教學，曾主編兩本相關著作。

課程內容侵權，就交由著作權的團隊協助檢視有無侵權問題。雲科大過去就整合校內各單位，成立不同團隊來推動磨課師，還把經驗寫成「推動磨課師」專書。

　　以雲科大為例，整合各單位推動磨課師，不讓系所老師單打獨鬥，包括電算中心負責拍攝、剪接，有專屬攝影棚；教學卓越中心負責課程設計、課程經營；科法所則處理智慧財產權問題。DeltaMOOCx 開課教師的背後，同樣有專業團隊協助。

　　方國定歸納推動磨課師的標準作業流程，首先要挑老師、挑課程，決定什麼樣的課程，要由誰教，應盡量以教學評比優良或教學傑出者優先開

課。起初兩三位老師當開路先鋒，之後帶領新的老師加入，傳承經驗。

在錄製課程階段，每門課程要先寫拍攝計畫書，包括影片長度、涵蓋之章節、章節內容、習題及動畫等。計畫書寫好後要送外審，審核通過才開始拍。

方國定提醒，拍攝時，要先拍一小段，讓老師先熟悉、適應；拍完可請學生上網試看，同時請原本審計畫的專家，看內容是否有異，有問題馬上調整；全部拍完，剪接結束，再請智財權團隊審視，確認沒問題，再請學生上平臺看效果如何，最後才正式上架。學期結束，還要再根據學生的評量意見微調課程內容。

接著是課程經營，學校可辦說明會或工作坊推廣。方國定說，以陳世昌「2D 動畫製作」為例，因高職的商業設計課也會教 2D 動畫，就請陳世昌針對高職老師開設一個工作坊，雲科大也為有興趣的學生辦了一個 30 人的免費營隊，帶領學生製作 2D 動畫，一下子就爆滿。學生將來推甄雲科大，參加過營隊列為加分條件，把磨課師的推廣和宣傳招生連結在一起。

◈ 錄製磨課師，臺北科大列教師彈性加薪指標

為了鼓勵老師開課，讓學生踴躍修讀 DeltaMOOCx 的課程，三所科大也制定了配套措施，例如錄製磨課師課程，列為教師彈性加薪或升等加分指標；另提供獎學金，鼓勵學生修習磨課師課程。

臺北科大教務長楊士萱指出，台灣學生在升學主義底下，比較習慣在教室或補習班聽講，沒有考試壓力，就失去學習動機，這也是遠距教學無法推廣的主因之一。此外，教師身負教學、服務、研究等事務，長期投入

磨課師課程經營，會加重負擔。

楊士萱說，在和台達合作推動磨課師前，臺北科大也曾錄製一些 OCW 等線上課程，但規模及品質沒那麼專業。反觀教授錄製台達磨課師課程，有攝影棚、有經費，台達還捐助許多設備，很多工作都由台達的團隊協助處理，也讓該校學到磨課師的經營方式。

臺北科大校長王錫福指出，該校近年來推動教學精實方案，一大主軸是提升整體教學品質，其中包括「翻轉教室」計畫，就獎勵老師導入磨課師等數位影音教材，並列為彈性薪資積點指標，也提供數位教學設備及助教。

楊士萱補充解釋，臺北科大過去推動教師彈性薪資，主要針對研究做得好、論文發表多的教授。從 2018 年起，增發教學彈性薪資，若從事教學創新活動，例如利用磨課師翻轉教學見成效，包括修課人數、授課時數及互動次數等，符合指標，即可申請彈薪點數，最高可採計 4 點，月薪增加 1 萬元。

王錫福說，臺北科大有四百多名教師，教學彈薪制實施第一年，有 54 人加薪，第二年約 60 人，比率之高，各校罕見，凸顯該校重視教學。

針對學生，臺北科大也推動「看薦 MOOCs」計畫，獎勵學生自主修習磨課師課程，只要提供修課心得及修課證明，即可獲得獎助學金 3000 到 5000 元。

雲科大也鼓勵師生上網修讀國內外的磨課師課程，補助申請證書或參加相關研討會的費用。雲科大學生近 3 年在校內選修遠距課程，並取得正規學分多達近 5600 人次，占大學 4 年制學生數的 9 成。

不過，在鼓勵學生修讀磨課師之餘，楊士萱也憂心，學生過於依賴看

磨課師影片，可能反而忽略或不想看更加豐富詳細的教科書內容。未來課程設計應強化如何引導學生預習，有效詳讀書籍資料；也可鼓勵開課教師撰寫配合磨課師課程的教科書，讓學生觀看影片之餘，也能回到書本，閱讀更詳細的內容，加強學習。

DeltaMOOCx「智慧商務導論」這門課，就為授課教師合寫教科書，立下最好典範。該課程結合教育部的人才培育計畫，動員 7 所科大及研究機構、業界共 24 人，合寫教科書，再由高科大、臺科大 4 名教師共同講課，內容豐富，觀點多元。

3

客製化平臺
打破載具、時空限制

DeltaMOOCx 和一般線上課程的差別，在於除了可不限時空、載具，隨時隨地上課，還有讓師生互動、提問的討論區，及檢視學習成效的練習題、期中及期末考。先後設計新舊平臺的清大教授黃能富及元智大學教授蘇傳軍，功不可沒；協助維護每門課程的助教，也是幕後功臣。

基於多媒體線上課程是未來教學方向，清大資工系特聘教授、電機資訊學院院長黃能富多年前促成捷鎏公司的設立，請專業經理人管理，一開始主要做影音串流、直播。但因當時頻寬很貴，加上 Google 等大公司陸續投入免費直播，搶市占率，口袋不深的小公司難與匹敵，因此轉成提供線上課程的 ShareCourse「學聯網」，後來並協助 DeltaMOOCx 架設平臺，加強客製化的功能，打造品牌。

黃能富回憶，當時美國正興起線上課程，史丹佛、MIT、哈佛等知名大學成立 Coursera、edX 等教學平臺，隨時隨地可上網學習，把學習自主權交還給學生。ShareCourse 也在同一時期推出國內線上課程，主要是大學通識、基礎或專業課程，起初是公益性質，完全免費，但運作多年後，公司不能沒有營運收入，開始設計收費課程，部分回饋老師，部分給平臺當行銷費用。目前平臺課程已超過 500 門。

2014 年台達電子文教基金會籌設 DeltaMOOCx 時，需要一個教學平臺，就委託 ShareCourse 客製化設計、維護一個新平臺，打造專屬品牌；強調互動性，設計討論區、考試，並提供分析學生觀看率、完成率、學習成績等功能。

黃能富分析，相較國內外其他線上課程，DeltaMOOCx 最大優勢在於精緻的內容，鎖定自動化領域，用高成本在電視攝影棚錄製精品課程。

相較之下，清大的磨課師課程，雖然有的也在校內攝影棚錄製，但現場只有攝影機，沒有導播、製作人、音控、化妝等團隊支援；雖然清大教

清大電機資訊學院院長黃能富在 DeltaMOOCx 創立之初，協助架設平臺，並分享磨課師授課經驗。

發中心有專人幫忙剪輯影片，但因預算有限，有的課程不打字幕。此外，DeltaMOOCx 的課程都會請助教維護，但國內大學往往因編不出助教預算，磨課師最後就變成沒人管理的 OCW（開放課程）。

◈ 資源少、市場少、不重視教學，國內推廣磨課師受限

黃能富說，反觀北京清華大學，年度預算一千多億台幣，是新竹清大的幾十倍，他們經營的磨課師平臺「學堂在線」，也不惜成本，由校方成立公司，斥資約 10 億台幣，傾全力打造成大陸磨課師第一品牌。由於該

校招牌響亮，加上大陸人口眾多，上架的磨課師課程，修課人數動輒萬人起跳。

黃能富以自己為例，在清大錄製的「計算機網路概論」，是台灣第一門在「學堂在線」上架的課程，有 1.5 萬人修課；第二門上架的「物聯網概論」，修課人數倍增到 3 萬人。

「學堂在線」的平臺功能，和國內大同小異，都要和學生互動，回答問題。黃能富說，他一開始很認真，清晨 5 點就起床，上線回答學生的問題。由於大陸教授回答問題的速度通常比較慢，他認真、快速回覆學生的問題，更讓他的課大受陸生歡迎。

大陸學生每年都會針對所有磨課師的教師評比。黃能富的「計算機網路概論」，2014 到 2015 年，都被評為全球前 50 大課程，更是計算機領域的第一名。

黃能富說，當時有陸生告訴他，很多大陸教授講的課太簡單，邊喝酒邊聽課還綽綽有餘，但聽了他的課，發現很深入，專心聽還不見得跟得上，「酒都戒了」。

台灣推動磨課師的困難，除了資源少、市場小，黃能富認為，也與教授的研究負擔重，教學績效占升等比重不高有關。教師很難只透過教學績效升等，製作磨課師要靠熱情，一旦熱情消退了，只能靠誘因，要嘛就是課程收費，讓教授分紅，不然就是要有像台達一樣的基金會長期支援，給教授、助教較多資源，才有辦法製作出高品質課程。

⬡ 截長補短，新平臺功能齊全，適用各載具

DeltaMOOCx 原本的平臺運作幾年之後，為針對教師、助教及高中

高工生、大學生等不同客群的需求，需要客製化更多元、更便捷的功能，於是基金會委託元智大學智慧生產與管理創新研究中心主任蘇傳軍教授帶領一群研究生，設計新平臺。高中／高工平臺於 2019 年 3 月上線，大學版的新平臺於 2020 年 1 月上線。

蘇教授指出，團隊當初從 edX、Coursera、Udacity 這世界三大磨課師平臺當中，選定以 edX 為藍本，開發 DeltaMOOCx 的新平臺。edX 由美國兩大名校哈佛大學、麻省理工學院聯合創辦，同時還有三十多所世界知名大學參與，全球超過 270 萬名長期使用者，更有史丹佛大學、Google 和四十多所大學、企業提供長期資助。

之所以採用 edX，蘇教授說，edX 功能齊全，也開放原始代碼，客製化與二次開發相對容易。Open edX 分成課程中心、學習中心兩大塊，前者供教師建立、管理課程，後者供學生使用，彼此相輔相成。

edX 的題型多樣性高，包括是非、選擇、問答題等等，就算回答錯誤了，還可以給予提示，引導學生往不同的方向思考，不會讓學生呆住，停止學習的腳步；再者，授課教師也可設定每道題目的答題次數，容許學生錯誤嘗試，有很高的互動性；edX 擴充功能也特別多，電機類課程可以很快建立電路圖，還可以建立 3D 模型、在線上撰寫程式等。

最特別的是，edX 甚至能進行線上監考。為降低作弊行為，可限制每道題目的作答時間，以免答題太久，學生可能翻書找資料。此外，舊平臺的安全性相對比較低，容易被駭客入侵，新平臺採 https 安全協定，不容易被駭進去。

蘇教授還說，新系統功能強大，能想到的功能都有，也開放原始碼，可修改內部程式，但非常複雜，這也是研究團隊最大挑戰，常要針對客製化的功能，去修改原始碼，是很浩大的工程。

例如新系統創建題目時，背後是 html 的網頁格式，但很多老師都不習慣使用 html，研發團隊後來就修改原始碼，外掛一個編輯器界面，讓老師們可以很快把題目建立起來，最後自動產生 html 的格式。

另外，在影片管理方面，舊平臺需要有網址或 mp4 檔，所需的儲存容量比較龐大；新平臺直接把影片放在 YouTube，解決頻寬不夠、看影片容易卡住的問題。此外，為方便大陸學生觀看，影片也已放在大陸優酷視頻，可直接搜尋，不用再依賴 VPN（中繼伺服器）協助觀看影片。

其他像 edX 的學習歷程，用的是測試版，其實不好使用，也要加以修改，增加功能，都很費功夫。蘇教授笑稱，「所以我們這個團隊，大家的頭髮都白了不少。」

還好，蘇教授團隊有兩位很優秀的博士生當左右手，他們帶領 7、8 個碩士生，把設計新平臺當「練兵」，幫忙解決很多問題。其中一位博士生黃士峰，負責系統的建置、頻寬、記憶體容量等；另一位博士生李奕，負責系統的客製化功能開發、原始碼的調整等。

◆ 元智大陸博士生李奕，開發新系統功不可沒

來自大陸的李奕，就讀西安交通大學碩士班時，有 3 個學期申請到元智大學工業工程與管理學系當交換生，畢業後考取元智工管博士班。他帶領團隊開發系統、修改原始碼等，過程雖很繁複、辛苦，但他頭腦思緒很清楚，可以很快抓到問題關鍵，能力很強，對團隊幫助很大。

受疫情影響，被迫滯留大陸的李奕，直到 2020 年 8 月才獲准返台。他說，他負責整個項目的研發管理，同時也負責系統前端功能實現與客製化工作。新平臺最困難的部分，是如何將舊系統中的內容轉移到新系統，

DeltaMOOCx 新平臺委由元智大學蘇傳軍教授團隊開發，前排左起四為蘇傳軍，左起三為博士生李奕。

困難的主因有二：一是新舊系統本身系統架構不相同，所有功能並非能完全對應，其中的資料內容架構更無法完全一致。

　　另一方面，則因舊系統並沒有專門的工程師進行維護，所以他大多數的時候要自行探索理解舊系統中的資料內容架構，再與新系統的資料架構進行對應。為了解決這個問題，團隊前前後後花費了 4、5 個月的時間，對舊系統中的重要資料，進行不同方式的轉移。

　　對於可以較簡單一致的內容，就直接進行資料庫轉移；對於內容完全無法一致化對應的內容，例如舊平臺上萬個題目，由於舊系統的題目為一

套非通用xml架構，為了實現自動化內容轉移的動作，就先進行逆向工程，總結出舊系統題目xml檔案規則，然後自行編寫程式，提取內容，再依照新系統的規則，進行批量化的題目生成。這樣的一個自動化工作，免除各科助教重新編輯每一道題目的麻煩，為整個運行團隊省下了上千個小時的工作量。

李奕表示，以他個人對MOOCs課程的認識，台達磨課師無論從師資、錄製以及課程內容來說，都非常優秀；相較於大陸眾多的線上課程平臺，也絕對是非常優秀的平臺。大陸的線上課程平臺內容豐富程度雖更勝一籌，但不同老師的課程專業程度與內容質量參差不齊，台達磨課師團隊出品的內容雖然不多，但也涵蓋了高中與科大課程，且由專業團隊製作，質量非常精良。

◆ 新平臺三大特色：跨裝置、操作便捷、高互動性

蘇教授歸納，已上線的新平臺系統具有跨裝置、操作便捷、高互動性等三大特色。

首先，針對舊平臺在手機上不好使用的問題，edX有個RWD（Responsive Web Design）「響應式網路設計」的功能，可自動偵測是用手機、平板、筆電、桌機等哪種設備，依不同載具的格式呈現出來。例如手機比較小，呈現的平臺就會把某些選單改為下拉式隱藏起來，研發者只要寫一種版本，就可在各種載具上跑。

其次，新系統比舊系統更容易操作，具有複製及匯出、匯入的功能。蘇教授舉例，老師若原本做了一個PPT檔的課程放在平臺，可先匯出，修正局部內容，再匯入平臺，就成了一門新的課，「重複使用性」大增。

新平臺的互動性也比較高。除了少量多次，也可適時出現加減乘除等適用的工具；也可即時討論，助教或老師可即時回答學生的問題；並有引導性的練習，引導學生要先完成第一步，才能進行第二步，一步一步完成。

新平臺也可以設定課程發布的時間及對象，課程做好了，不用馬上發布，可預定發布日期，到時候學生才可以看到課程內容；也可指定進度，例如要看完第一單元，才能看完第二單元，循序漸進，不能看完第一，就跳到第十單元。

有教授建議，磨課師課程除了線上評量，還可搭配線上口試，更能確認學生是否學會。不過，蘇教授強調，磨課師是針對大眾開放的線上課程，不知道學生是誰，修課人數又多，線上口試會遇到很多技術性問題。

但若把磨課師轉成 SPOC（Small Private Online Course）這種小規模、私人性的封閉線上課程，老師很清楚學生是誰，就可透過微軟的 Teams 或 Google Meet 等線上會議軟體，做個別或集體線上面試。

有教師認為，磨課師的線上評量因無法做到百分之百防弊，多數學校因此不願採計學分，建議可增加實體考試。蘇教授說，edX 透過限制答題時間等技術，可做到 7、8 成的防弊效果，但仍無法防範找槍手代考等弊端，更何況，平臺基於保護個資，也沒有學生的照片，無法分辨誰是槍手。

蘇教授認為，磨課師主要是為了終身學習、普及教育而設，讓不易取得教育資源、無法到學校的人，也可隨時隨地學習，而非用來考證照、給學分。若是學校同步開設實體課程，磨課師就是很好的輔助工具，例如有些學生上課沒聽懂，又不敢問老師，就可透過磨課師溫習，補救教學，也可在課前預習，但線上評量要完全取代考試，其實不恰當。

展望 DeltaMOOCx 平臺的未來發展，蘇教授說，還可增加很多互動式內容，例如把元素週期表放進去，每個元素一點下去，就會有元素的密

度、燃點等相關基本資料；將來還計畫把 3D 模型的功能也加進去；也可加入互動式動畫或圖片，讓解釋更清楚。

◈ 各科助教協助維護課程，是幕後功臣

DeltaMOOCx 每學期都會編列課程維護費，聘請助教協助開課老師經營管理課程。在影片上傳前，要先建置課程的平臺頁面，包括課程介紹、建議進階課程、章節介紹、授課教師簡介、課程公告等；也要協助建立練習題及期中、期末考的出題與閱卷等。以練習題為例，通常每週要上架約 5-6 段、共 1 小時的影片，每段影片要出 1-3 題練習題，並附解答。

助教另一重要任務是經營討論區。學生有任何提問或留言，例如某個章節某個地方不懂，助教就要請老師回覆或代為回覆，系統會發信提醒助教有人提問，盡量在一、兩天內回覆。

期中、期末考結束後，助教要協助閱卷、給分數。達到及格標準者，平臺會請他們留下基本資料，並填寫問卷，包括對於課程規劃、內容份量、難易度、實用性、教學方法、互動時間、教學評量、練習題能否幫助學習等各方面的滿意度調查，然後發給證書。

所有助教上場前，都要先經過訓練，內容包括建立課程、公布欄、查看成績單、上傳教材、經營討論區等。

此外，為了讓更多學生善用 DeltaMOOCx 的免費教學資源，專案辦公室也會到各大學推廣，開課教授班上的學生，更列為首要推廣對象。

臺北科技大學機電科技研究所博士生樓基弘，堪稱 DeltaMOOCx 最資深的助教。他的指導教授曾百由在 104 學年上學期開設「工業自動化控制元件設計與應用」，就請他擔任助教至今。

DeltaMOOCx 所有助教上場前，都要先受訓。圖為 DeltaMOOCx 計畫主持
人彭宗平教授，在工作坊對助教解說。

DeltaMOOCx 專案辦公室定期舉辦工作坊，訓練助教操作平臺及後臺管理等事
項。

　　樓基弘說，這門課主要教人機界面、PLC、伺服馬達控制等基本知識。由於學校也有開實體課程，在校生有問題可直接問老師，在討論區提問的，以業界人士居多。但他笑稱，有的人把討論區當成「產品詢問處」，例如課程教的是台達生產的 PLC，但有修課學生在職場用另一廠牌的 PLC，遇到問題就來請教，助教只能儘量回答。

　　另一個學生也讓樓基弘印象很深刻。對方從未寫過程式，也沒修過數位電路、程式語言、電子學等更基礎的科目，就想直接學自動化控制元件設計，上討論區經常問課程以外更基本的問題，其實不太行得通。尤其曾教授要求很嚴格，考試會出程式題，要實際寫程式，完全沒基礎的人，修這門課會很辛苦。

　　曾百由這門課最特別的地方，是要求校外學生及業界人士到臺北科大的實驗室上 6 次實作課，通過檢定才能拿證書。樓基弘說，雖然校外學生

DeltaMOOCx 專案辦公室定期到各大學推廣課程，圖為在元智大學推廣的畫面。

只要安裝軟體，就可跟著教學影片，在線上模擬人機界面、PLC 的操作，但因為還要整合練習，所以到實驗室操作器材才能確保真的學會，但對修課的業界人士來講，就比較辛苦。不過，若事先看過教學影片，也曾線上模擬操作，上實作課較易上手，否則不容易過關。

臺科大電子所碩士生賴品憲是「電機控制」的總助教，這門課由臺科大魏榮宗、虎尾科大李政道、勤益科大王孟輝等三位教師共同授課。他發現大陸學生很好學，常上討論區問課程相關問題。

賴品憲說，這門課的考試以是非、選擇題為主，期中、期末考有部分題目出自各單元的練習題。畢竟磨課師是希望修課的人能學到東西，不是要考倒他們，只要他們真的學會，答得出來，就達到學習目的。

在 DeltaMOOCx 講授「自動控制」等四門課的雲林科技大學教授蘇國嵐，於 2019 年過世，令人感到十分惋惜。

　　賴品憲還協助專案辦公室管理平臺，提醒各科助教每一門課的開課及考試時間，務必上傳影片及考題，也會幫忙統計各科及格人數，協助製作證書。

　　雲林科技大學電機所碩士畢業生古廣昭，當初因為指導教授蘇國嵐在 DeltaMOOCx 和其他教授合開「自動控制」、「可程式控制系統應用」等 4 門課，他就擔任這 4 門課的助教，沒想到蘇教授在 2019 年 12 月因病猝逝。

　　古廣昭說，蘇教授近年來積極投入機器人教學，是全國技能競賽機器人職類的總裁判，平時接了很多計畫，也辦了很多比賽，比較操勞，但仍笑口常開，和助教打成一片，很喜歡開玩笑。蘇教授過世，對於雲科大及 DeltaMOOCx，都是一大損失。

◆ 國內外磨課師平臺分析

DeltaMOOCx 設立之初，曾參考國內外各大磨課師平臺的運作與功能，截長補短，為讓讀者對磨課師平臺有更深入、全面的了解，以下針對台灣、大陸、美國的主要知名平臺簡要分析如下：

一、台灣平臺分析

台灣的磨課師平臺主要有四，即中華開放教育平臺（OpenEdu）、育網開放教育平臺（ewant）、學聯網（ShareCourse）、臺灣全民學習平臺（Taiwan LIFE）。

1. OpenEdu： 由中華開放教育聯盟經營，目前已累計課程 520 門。課程的種類十分多元，涵蓋應用科學、資訊工程、自然科學、社會科學、商學管理、 醫學相關、人文藝術、宗教哲學、食品家政、史地遊憩等。除了各大學歷年來由教育部補助開設的磨課師課程在平臺上線以外，有些教育部科技計畫或民間團體所設計的課程也選擇在此平臺開課。

平臺支援多國語言，也有許多課程推廣到東南亞國家如印尼、越南、泰國等。配合新興科技在數位學習上的應用，OpenEdu 也開發一些外掛系統提供互動性的學習，例如物理實驗及程式設計線上撰寫的系統。並有模組化的課程，包含系列課程及專區，提供學習者結構化的學習。

課程分為教師引導課程與自學課程。當老師不再開課時，課程會轉為自學課程，持續在平臺提供服務，但仍提供測驗讓學生自我測驗。平臺每年約有 40-80 課次的教師引導課程，其餘為自學課程。

2. ewant： 平臺由交通大學李威儀教授領導的高等教育開放資源研究

中心經營，至 2020 年 10 月已累計提供 2,079 門課程，雖以大學課程為主，但自 2016 年起也開設大學先修或高中選修課程。根據 2020 年 10 月之統計，當月大學端「開課中」的開放式（亦即免費）課程有 213 門，其中通識類占 84 門、語文類 39 門、文藝類 23 門、宗教類 3 門、管理類 10 門、資訊 19 門、生化 13 門、物理 9 門、數學 7 門、工程 6 門；有些課程長度僅為 2-6 小時。

此外，ewant 也開設各大學提供給高中生選修的先修課程，以 2020 年為例，當年累計提供 27 門課程，其中 25 門為通識課程。值得注意的是，美國各大學或高中開設的 AP（Advanced Placement）課程，基本上都屬於大學一年級的專業課程，大學入學後，可據以申請抵免學分。台灣目前各大學為高中生開設的先修課程，仍以通識課程居多，抵免學分依各校規定。由於 ewant 平臺基本上的定位是作為各大學開設磨課師的網路平臺，各課程的內容與經營，由各開設單位負責，較難有一致的規格與模式，但同一門課程有可能可以獲得多個大學的承認。

3. ShareCourse（學聯網）：由清華大學電機資訊學院院長黃能富教授創立，並由捷鎏公司負責管理營運，早期並與資策會合作，免費提供各大學開設磨課師課程。DeltaMOOCx 創立時，委請捷鎏公司以 ShareCourse 平臺為本，協助開發客製化的功能，開設大學及高中 / 高工課程。2018 年委託元智大學蘇傳軍教授團隊協助自行開發平臺，2019 年 3 月起，DeltaMOOCx 的高中 / 高工課程移轉到新平臺， 2020 年 1 月，大學課程亦轉入。

在此同時，ShareCourse 也逐漸改變經營模式，除部分課程仍維持免費外，大部分課程朝付費方式運作，並分設在 CAD/CAM、AI 學院、商學院、金融學院、設計學院等領域，儼然發展為「網路學院」，邀請各領

域學者專家開課，提供給在校生或社會人士自主學習。付費課程主要是人工智慧與物聯網等相關內容，透過大數據分析與人工智能技術，提供學習者線上家教式的學習服務，可以在討論區提問，並迅速得到答覆，也提供學習者完整的學習歷程。因為此平臺聚焦於人工智慧與物聯網，除資訊科學相關課程外，工程領域的課程極少，也甚少與自動化相關的課程。

4. Taiwan LIFE：由國立空中大學維護營運，並與 ewant 合作，由 ewant 負責設計及建構平臺。兩個平臺共享課程，而空中大學則可在各地辦理實體認證考試，給予學分，納入終身學分銀行。Taiwan LIFE 歷年來也累積可觀課程數，分布在各領域，尤以通識、人文社會及語文類居多。平臺也開設基礎科學及工程類課程，但以 2020 年 6 月為例，開課中的課程屬於科學及工程類並不多，且課程名稱與大學所開設的專業課程似有差距，課程時數與份量大都在約 10 小時或更少。此平臺的許多課程也同時在 ewant 開設。

二、中國大陸平臺分析

中國大陸開設大學磨課師的平臺為數眾多，相當多元，以規模、課程數、使用者人數而論，最具代表性的應屬「中國大學 MOOC」及「學堂在線」。

1. 中國大學 MOOC：由網易公司（網際網路科技公司）及高等教育出版社（簡稱高教社，是直屬中國大陸教育部的專業教育出版機構）合作，所開設的線上教育平臺，承接中國大陸教育部國家精品開放課程的任務，並提供各高校開設的磨課師課程。自 2014 年上線以來，合作學校高達近 700 所，所開設課程包括 15 個領域。

根據 2020 年 6 月的統計，開課總數高達 5450 門，其中資訊類共 276 門、理學 271 門、工學 1298 門、外語 364 門、經濟管理 872 門、文史哲 446 門、教育 306 門、藝術設計 316 門、醫藥衛生 410 門；此外，還包括心理學 77 門、法學 293 門、農林園藝 158 門、體育運動 133 門、音樂與舞蹈 90 門、養生保健 140 門。工學領域所開設的 1,298 門課中，電機（電氣信息）占 399 門、機械 179 門、材料 103 門、化工與生物製藥 55 門、力學 75 門等。

　　各領域所開設的課程中，也包括所謂的「國家精品課程」。「國家精品課程」是中國大陸教育部對全國高校徵求並評選出所謂一流教師、一流教材、一流教學方法，且具一流教學管理的示範課程，每門課程有效年限 5 年。

　　「國家精品課程」除了依其內容分別列入各領域外，此平臺也另闢一個「國家精品課程」的專項。由於「國家精品課程」是由中國大陸教育部徵求、評選出來的示範課程，所以每門課修課人數少則數千人，多則可達數萬人，遠遠超出其他非精品課程。非精品課程的修課人數則大都在數百至數千人，但有些熱門或基礎課程也有上萬人修課。

　　「國家精品課程」全部共 820 門，2020 年 4 月時，開課中的課程 737 門，其中工學 190 門。到了 6 月，因許多課程結束，開課中的課程剩 372 門，其中工學 113 門，仍是最大宗。4 月間開課中的課程，與 DeltaMOOCx 自動化學程相同或相近的課程共有 24 門，但因為許多學校開設相同課程，若將重複的課程歸屬為同一門課，則屬於自動化領域的課程，共有 10 門，包括「數字信號處理」、「自動控制原理」、「自動控制元件」、「數字圖像處理」、「傳感器技術」、「計算機控制系統」、「數字電路與系統設計」、「數字邏輯設計與應用」、「嵌入式系統與實驗」、「機械設計」

等。修課人數從 3、4 千人至 2 萬多人,平均約在 6 千到 8 千人之間。

　　值得注意的是,根據 2017 年 6 月的統計,「中國大學 MOOC」的「國家精品課程」中,與 DeltaMOOCx 自動化學程相同或相近的課程共 14 門,若只統計不重複的課程,則只有 7 門;但經過 3 年,自動化的課程數大幅增加。由於「國家精品課程」的總數維持在 800 門上下,可見自動化的專業受到更多重視。

　　2. 學堂在線:由北京清華大學附設的公司負責經營。平臺於 2013 年 10 月推出,是 edX 在中國大陸唯一的官方授權平臺,至 2018 年 3 月註冊人數超過 1000 萬人。在此平臺開課的重點大學共 22 所,課程區分為 15 類科,包括計算機、管理、教育、理學、工學等,與「中國大學 MOOC」相似。在 2020 年 6 月的統計,全部課程 2499 門,其中北京清華開設 341 門。

　　工學類科 449 門中,清華開設 86 門;計算機類 306 門,清華 44 門;而理學類科 218 門中,清華也開了 37 門。與自動化相關的課程,主要開設在工學類與計算機類,共計 30 門,扣除重複的課程,則達 14 門。與 DeltaMOOCx 自動化學程相同或相近的課程,包括「信號與系統」、「自動控制原理」、「自動化導論」、「機器人製作與控制」、「裝備自動化工程設計」、「自動控制元件」、「圖像處理與分析」、「傳感器應用技術」、「PLC 應用技術」、「控制工程」、「嵌入式系統」、「智能控制導論」、「機械設計」等。

　　根據 2017 年 6 月的統計,「學堂在線」自動化相關課程有 7 門,不重複者僅 4 門;經過 3 年,「學堂在線」增開了 4 倍的自動化課程,比「中國大學 MOOC」的「國家精品課程」還多。更值得注意的是,約有一半課程的修課人數超過 1 萬,甚至達到 2-3 萬人。由此可見,北京清華大學

的品牌，確實吸引極多數學生的注目。

三、美國平臺分析

美國是磨課師的發源地，主要平臺有 Coursera、edX 及 Udacity。其中 Udacity 的課程目標主要是企業人才培訓，課程多由業界專家開授；而 Coursera 及 edX 則主要與大學合作，由大學教授開課，可核發修課證明，甚至由開課大學授予學位。茲就這兩個平臺簡介如下：

1. **Coursera**：由史丹佛大學的兩位教授達芙妮・科勒（Daphne Koller）及吳恩達（Andrew Ng）於 2012 年 4 月共同創立。迄今為止，合作的大學及公司超過 200 個，開設 4500 門課，課程領域涵括藝術與人文、商學、計算機科學、數據科學、信息技術、健康、數學和邏輯、物理科學與工程、社會科學、語言學習、個人發展等。

Coursera 提供免費課程及收費課程。免費課程與一般平臺的 MOOCs 課程無異，若要申請修課證明，則須完成作業及考試，並支付證明書費用。收費課程包括三種：第一種為專項（specializations）課程，修習者在 4-6 個月內依個人規劃進度，自學修讀該專門知識或技能，費用每月 49 美元以上，完成修課規定後，可取得專項證書（Specialization Certificate）。第二種為專業（professional）課程，係與企業合作，打造各種專業學程，修完學程後，取得專業證書（Professional Certificate），可即就業或轉換工作。學程的設計，除課程外，並包括實作項目，讓修習者快速具備實作能力，並可望申請進入合作公司任職。這種學程可在一年內完成，每月費用約 49 美元以上。第三種為碩士學分課程，由個別大學針對碩士層級的課程，設計各種模組，每個模組由數門課程（包括實作項目）組成，修

畢後可取得該模組的碩士學分證明（MasterTrack Certificate）。修讀期限為 6-12 個月，學分費約 2000 美元至數千美元。

除了以上所開設的課程外，Coursera 更與大學合作開辦線上學位（Online Degree），包括學士與碩士學位。以碩士學位而言，修課者須先申請修讀其學位，並在 1-4 年內完成修課。其中，部分的學分可由之前修過的碩士學分抵免。修讀線上學位所需的費用，大約為 1 萬到 2 萬美金。雖然修讀線上學位的學生，不能視為該大學的正規生，無法享有相同權益，但其學位證書通常不會特別註記為線上進修的學位，可視同等值於該校的正式學位。

2. edX：由麻省理工學院與哈佛大學於 2012 年 5 月共同創立。在此平臺開課的大學約有 140 所，來自世界各國，總開課數超過 3000 門，涵蓋大學各學科領域，分類較 Coursera 更細。

edX 是一公益平臺，課程均免費，並且提供開放程式碼 Open edX 供各界採用，作為 MOOCs 平臺的入門版，並鼓勵使用者加以客製化，擴充功能。在 edX 開課的大學，主要是經過其主動邀請世界各地的一流大學，成為其會員，必須繳交會費，依會費等級享有不同權益，特別是分享平臺上的資源與資訊。

edX 的課程，依修讀者的程度與需求，亦有不同設計。最典型的即是各大學提供的磨課師課程，稱之為 X 系列（Xseries），也是 edX 最主要的課程。edX 也開設 AP 先修課程，讓高中生取得進入大學後可抵免的學分。

第三種課程為學士或碩士層級的微學程（MicroBachelors 或 MicroMasters　Program），其規劃方式與 Coursera 相似，修習各大學開設的微學程並取得學分後，未來若進入該大學即可抵免學分。因為這種課

程發給學分證明，必須付費。每個微學程也由幾門相關的課程組成，通常亦要求在規定期間內（大約一年）完成。

在 edX 開課的大學，也提供線上碩士學位（Online Master's Degree）的學程。學程的要求，大部分為 10-12 門課，或 30 學分，修讀期限以 2-3 年居多，但也有 1-4 年者，而學費則大都介於 2 萬至 2.5 萬美元。近年來，開設線上碩士學位學程的大學越來越多，且領域也越廣泛，顯示線上學位確為未來高等教育的發展趨勢，也是各大學擴大學術影響力及增加財源的方式。

此外，edX 也因應學生求職的需求，由各大學結合企業，設計專業或應用學程，核給專業證書（Professional Certificate）；並且更進一步，針對高階經理人，開設經理人課程（Executive Education Courses），培訓其領導與決策能力。

訓練老師當主播,
DeltaMOOCx 錄製課程有一套

DeltaMOOCx 創立之初，就自我期許要錄製高品質課程，因此有別於國內外平臺多數自行錄製影片，台達選在愛爾達電視台的專業攝影棚錄影。主講老師置身其中，有如電視主播，頭上天花板好幾盞燈光同時打下來，背後是攝影棚常見的綠幕，前面則是攝影機及可和筆電 PPT 簡報檔連線的字幕機。

　　開錄前現場不斷有人穿梭，忙著幫老師化妝、調整別在上衣的麥克風及座位或站姿，等一切就緒，工作人員就像拍電影一樣打場記板，喊著 5、4、3、2、卡麥拉，老師在完全隔音的空間，看著眼前的字幕機開講，密閉門外上方「ON AIR」的紅燈同時亮起，旁邊隔著玻璃窗的副控室，導播盯著電腦螢幕上不同攝影機切割出來的畫面指揮調度……。

　　對授課教師而言，在高畫質的電視攝影棚錄影，是一大挑戰。從事前準備講課內容、投影片到真正錄影，一段 10 分鐘的影片，完全錄好可能要花 10 倍以上時間。但也因為堅持專業，對投影片規格及攝影細節都有標準化要求，還可出外景拍攝。DeltaMOOCx 呈現出來的教學影片品質，放眼國內外，少有能與之匹敵。

　　愛爾達科技股份有限公司董事長陳怡君指出，2000 年成立的愛爾達科技，是本土原創數位新媒體，是科技公司，也是電視台。早在 2000 年愛爾達就曾直播總統大選，堪稱台灣大型直播的始祖，並和中華電信合作 hievent 雲端影音服務，直播台積電、台達電等大型企業法說會。

　　愛爾達 2008 年成立電視台，有了自己的品牌後，連續拿到 3 屆奧運及世足賽的轉播總代理。不過，陳怡君說，愛爾達電視台成立 3 個月後，網路泡沫化，轉型為數位服務代工，幫中華電信代工做 hichannel 的網路電視頻道，見證從 3G、4G 到 5G 的寬頻網路史，並持續發展以影音為主軸的各種數位服務。目前有 5 個自營頻道，包括 3 個體育、1 個戲劇、1

愛爾達科技公司董事長陳怡君。

個綜合台。

◆ 錄製高品質磨課師課程，愛爾達增設專責部門

2014 年台達基金會提出成立 DeltaMOOCx 教學平臺的構想，請愛爾達負責錄製。陳怡君表示，當時沒做過教育節目的愛爾達想法很單純，就是放眼網路上 e-learning 的內容，多數影片的製作比較陽春，愛爾達有自己的攝影、製播團隊及攝影棚，可以在空檔期間把製播資源空出來給 DeltaMOOCx，提供高品質內容，不會增加太多成本，屬於公益、專案、協助的性質。但隨著錄製影片 4 年後邁向高峰期，在 2017 年新設部門專

職負責。

陳怡君說，電視台錄什麼節目都有難度，老師和體育選手一樣，都有各自專業和堅持，且很多老師可能從未進過攝影棚錄影，愛爾達就是盡力呈現出老師的專業。放眼全台灣，把線上教學內容做到這麼專業，且持續不斷投入資源，只有 DeltaMOOCx 而已。

愛爾達接下 DeltaMOOCx 的錄製工作後，陳怡君指派內容業務部製作人石曉茜全權負責。她笑稱，錄完三十多門自動化課程後，石曉茜也幾乎把重要內容都學會了。

「當初接下 DeltaMOOCx 的工作，只求使命必達，一定要做好。」石曉茜每場錄影都到場陪同老師，給予專業指導。她說，台達基金會一開始提出 DeltaMOOCx 的構想時，連是否能成案都還不確定，愛爾達就是盡全力做看看，果真慢慢做起來，延續至今。

在籌備過程，石曉茜做了一些功課，上 edX、Coursera、Udacity 等全球磨課師的典範平臺，了解大概課程內容，歸納出幾種錄製模式，再看看可以採用哪一種。她個人較喜歡 Coursera，因為比較多元，有不同模式，例如有的拍外景，有的是在教授的研究室或實驗室拍攝，反而在教室拍的不多。

石曉茜也註冊成為 edX、Coursera 的學員，試著上幾堂課，看看老師出什麼作業，和學生有何互動。因為她認為，磨課師和西元 2000 年興起的 e-learning 最大的不同，在於它不是只把事先錄好的影片放上網路就好，更重要的是師生在線上的互動及平臺的經營。

不過，相較於 DeltaMOOCx 的課都在電視攝影棚錄製，這幾個國際知名的磨課師平臺，似乎很少進攝影棚錄製。石曉茜推測，一方面可能是因為很多老師在家裡或學校，就有錄影設備及軟體；另一方面是國外講究

自然，直接選在老師平時的教學環境拍攝，但看得出來有找攝影團隊拍攝，因為技術不像學生或外行人拍的。

很多老師起初對磨課師及攝影棚的環境都沒有完整概念，DeltaMOOCx 專案辦公室會邀主講老師和製作人，在錄製前兩個月先開「準備會議」，從頭介紹磨課師，包括投影片等教材的規格、攝影棚環境及錄影注意事項，以後要交練習題、要經營平臺等。

和老師約定錄影時間，進棚前還要再開「製播會議」，除了逐張審視投影片，並請老師試講一小段。若需要道具或其他特殊需求，也可藉此機會與製作人討論能否做到，以及如何呈現。例如在錄影現場若要指著螢幕左邊的投影片，其實應該指右邊，因為錄影和螢幕呈現出來的，是左右顛倒的「鏡相」。

◆ 影片非數位版有聲書，少文、多圖，字體也講究

進棚錄製 DeltaMOOCx 課程前，教授要先把投影片做好，愛爾達都會事先提醒，字越少越好，多放圖片，以免學生無法消化。因為很多教授在課堂上課時，習慣用文字、公式把投影片塞滿，照本宣科唸一遍，其實不利在網路上觀看。因此不要把教科書如實翻版成投影片，應該要統整歸納，放重點就好，以免影片變成「數位版的有聲書」。

至於投影片引用的圖片，愛爾達也一再叮嚀，一定要取得版權，否則要重製，以免衍生法律問題，這也是讓教授最困擾的地方。因為找有版權的圖片或重製很麻煩，也導致某些老師的投影片，文字多，圖片及動畫比較少。

投影片用什麼字體，也是一門學問。石曉茜說，投影片從教授用自己

DeltaMOOCx 的課程都在愛爾達電視台的攝影棚錄製，師生對談的課程，會同時出動多台攝影機。

的電腦製作 PPT 檔，到攝影棚錄製、後製，過程中要不斷在數位、類比間轉檔，因此不能使用新細明體等筆畫粗細不一的字體，經試驗後，使用「微軟正黑體」最好，不會出差錯。

　　為了錄製磨課師或 OCW 課程，越來越多大學在校內設置攝影棚，例如已自製許多磨課師課程的雲科大攝影棚。雲科大教授黃永廣為 DeltaMOOCx 錄製「微算機原理及應用（II）」，起先就在學校的攝影棚錄影，但因打光、收音不盡理想，恐影響後製，最後仍到愛爾達攝影棚重錄。

石曉茜解釋，和電視台專業攝影棚比起來，學校自行錄製的影片品質仍有段差距，例如學校攝影棚的天花板太低，從上面打光太近，易產生陰影；相較之下，電視台的挑高攝影棚，打光較均勻。

此外，有的學校攝影棚隔音不好，雖用麥克風收音，但會連回音一起錄進去。另一值得注意的是，專業攝影棚通常選用「綠棚」，也就是主講者的背景是一片綠幕，後製會把綠幕去掉，換上其他想要的背景及平臺的logo。之所以選綠色，是因一般人很少穿綠色的衣服，不會在去背景時，把衣服的顏色也一併拿掉，因此在綠棚錄製時，須提醒主講者不能穿綠色系的衣服，也不能穿太細條紋的衣服，避免拍攝時在鏡頭前會出現較明顯的閃爍。

DeltaMOOCx 錄製的課程品質之所以較一般大學好，除因在專業攝影棚錄製，也在於愛爾達提供完整的錄製團隊協助，現場除了雙機攝影師，一定有導播、助理導播、音控、執行製作、製作人、化妝師、燈光師等，照顧到所有細節，老師只要專心講課就好。

◆ 學生專注度頂多 5 分鐘，磨課師影片宜短不宜長

石曉茜說，老師到攝影棚之後，要先化妝，然後請老師對稿，並確認正前面電腦螢幕上的投影片順序、內容有沒有問題，及坐或站的位置對不對。如果是第一次進棚，會先提醒許多注意事項及流程，並把投影片順過一遍再開始錄。

至於每段影片要多少分鐘，愛爾達也有研究過。原本跟老師講，每段最多 8 分鐘，但多數老師會說 8 分鐘講不完，後來延到 10、12、15 分鐘，若超過 15 分鐘，就請老師儘量切成兩段。

不過，石曉茜說，根據現在的 YouTube 數據顯示，學生看影片的耐心及專注度，頂多只有 3 到 5 分鐘。為避免老師一發不可收拾，洋洋灑灑講太久，愛爾達後來讓老師在前面的螢幕上，都可看到錄製時間，請老師斟酌，掌控時間。超過 10 分鐘的影片，通常是老師認為要把完整概念講完，不適合切割。

老師初次進攝影棚，一開始面對鏡頭唱獨角戲，難免比較生澀，不自在，畢竟攝影棚只有自己一個人，不像在教室可和學生互動，真的是一個很不一樣的場域；加上四周的燈光打下來，好像突然站在舞台上，有些老師可能不習慣，剛開始會 NG。但石曉茜說，相較高中職老師，大學教授平時講課就較習慣用投影片，因此錄影時比較容易適應與進入狀況。

徐業良講課深入淺出，70 歲僑胞「追劇」看完課程

「他超會表演，常帶道具到攝影棚。」石曉茜回憶，所有錄製課程的教授當中，她印象最深刻的，是錄製「機械設計」的元智大學機械系教授徐業良。他事先做了很多功課，會秀出國外課程影片，說出他想要類似的投影片風格。

「徐業良把攝影棚變成表演的舞台，完全不會怕鏡頭。」石曉茜笑說，曾是台大話劇社社長的徐業良，真的很會演，鏡頭一對著他，「就開始播氣象了」，頗有氣象主播的架式，很快進入狀況。他會自備懸臂樑、彈簧等道具，把很生硬、艱深的應用力學理論，講得很生活化，淺顯易懂。

石曉茜的爸爸定居加拿大，平時也會上網看僑委會的線上課程。學電機的他，年逾 70 歲，經女兒推薦，也上網看 DeltaMOOCx 的課程。石曉茜說，徐業良的課深入淺出，爸爸像追劇一樣，把徐業良的課一口氣全部

都看完了，是他唯一全程看完的課。

　　錄製「從信號與系統到控制」的臺大電機系教授連豐力，也讓愛爾達的工作人員很佩服。他在攝影棚對著鏡頭唱獨角戲，完全沒適應問題，口若懸河，從下午 1 點錄到 4 點，可以連講 3 個小時，沒有 NG，講得超順，也凸顯他對課程內容的熟悉。

　　DeltaMOOCx 每門課的第一段影片，都是課程介紹，錄完還會剪成一兩分鐘的宣傳片，吸引學生，愛爾達電視台因此希望教授能用較活潑的方式來呈現。臺北科技大學自動化科技研究所副教授林顯易，就以烏克麗麗的調音當引子，自彈自唱五月天的情歌「戀愛 ing」，帶出「數位信號處理器」這門課，藉由數位信號處理器來調音，讓修課學生及審查委員印象深刻。

　　雲林科技大學電機系主任蕭宇宏，則嘗試翻轉傳統的磨課師影片，在「數位電路設計」這門課中，引進時下年輕人愛玩的 RPG（角色扮演遊戲），設計一個虛擬角色「壹零小姐」，她是修這門課的校花，會適時提問，帶動師生討論，很受學生歡迎。

　　科大課程重視實用，和產業接軌，為了讓學生更清楚了解課程內容及如何操作，DeltaMOOCx 也鼓勵授課教授申請外拍。愛爾達會出動兩架攝影機，由製作人陪同拍攝。例如臺科大電子系教授林淵翔在「微算機原理及應用（Ⅰ）」的課程介紹，提及穿戴式裝置時，就出外景拍攝，學生戴著「心律帶」跑步，把心跳等生理資訊傳送到手機的畫面。

　　在「自動化工程導論」這門課，臺灣科技大學自動化及控制研究所教授李敏凡則要求到臺科大拍攝操作空拍機器人的畫面。

臺北科大機械系副教授曾百由在「工業自動化控制元件設計與應用」的課程，帶著攝影團隊到牛乳工廠拍攝自動化生產線。

◆ 曾百由介紹自動化控制，出外景到牛乳工廠拍生產線

　　臺北科技大學機械系副教授曾百由，也在「工業自動化控制原件設計與應用」的課程介紹中，帶著攝影團隊，到牛乳工廠拍攝自動化設備。從原料進場儲存、空罐上線、黏貼標籤、打印批號日期、飲料充填、加蓋封罐，到自動化搬運裝箱等整個生產線，完全不需要人員操作。學生看了短短兩分鐘的影片，馬上了解自動化控制對產業的重要性。

　　影片錄完後，愛爾達還要負責剪輯、編訂字幕等後製工作。完成的影片先請教師校對、修改後，再送「課程審議委員會」做最後階段的審議。基本上，審議委員僅審查課程的設計原則、呈現方式、教學方式等。通過

後，方能上線。

DeltaMOOCx 從 2014 年成立，已超過 6 年。愛爾達董事長陳怡君說，如今不分老少分享影音，已如家常便飯。陳怡君舉她 70 歲的母親為例，當初就由她妹妹 4 歲的女兒教阿嬤加 LINE，如今老人家拍照用 LINE 或臉書分享完全沒問題，且打字很快，還常換大頭照。年輕老師現在更是熟悉網路媒體，尤其在疫情過後，線上學習勢必更蓬勃發展。

陳怡君說，磨課師可輔助教學，因為老師在課堂上只能講一遍，不可能重複講 10 遍，但對於領悟力比較差的學生，會覺得「明明大家都會，為何只有我不會」，因此羞於提問。但透過磨課師等線上課程，可不限次數反覆觀看，也可在討論區提問，不會有人嘲笑。

她強調，不管學什麼東西，一定有學習的痛點，因此，要重複練習。例如她參加熱舞社，就會請同事把老師示範的 10 段基本動作都錄下來，每段都可重複播放，搭配實作，比較難的痛點就多看幾遍，往往就學會了。

「錄製課程要快、狠、準！」陳怡君指出，教學影片可分成短版和長版，短版是精華或痛點，要很淺顯易懂，吸引學生興趣後，若想知道前因後果，再看完整的長版。她因此建議錄課程時減少贅言，除非是開場講個笑話讓學生放輕鬆，否則要快點進入主題，「花俏雖可加分，但課程有料最重要，要把痛點抓出來。」例如網路教人做菜，有時前面會講一大堆感性的話，但觀眾往往會直接跳到做菜的部分。

陳怡君建議 DeltaMOOCx 這類教學平臺，可把老師當成意見領袖，營造一種直播、Live 的感覺。例如未來若有大咖學者出席的相關大型專業論壇或國際研討會，或許就可考慮和中華電信的 hievent 合作，在線上直播，吸引觀眾互動、討論，甚至可提問，事後再把直播內容剪出一個精華

版，在 DeltaMOOCx 的平臺或臉書粉絲頁分享。

　　石曉茜則認為，不論有無疫情，磨課師一直都用得到，除了供在校生預習、複習、補救教學，也會吸引很多業界人士修課。美國 Coursera 平臺的很多課，就主要開給在職人士選修，他們只想充實專業知識，而非為了累積學分、攻學位。不過，由於在職人士無法到校上課，磨課師的互動功能，也就更重要，如何線上帶動討論，即時回覆提問，都要花更多的心思去思考與經營。

5

教授化身知識型 YouTuber，
讓學生愛上磨課師

「戀愛 ing，happy ing，心情就像是，坐上一台噴射機⋯⋯。」

打開 YouTube 影片，悠揚的主題音樂響起，螢幕先跑出 DeltaMOOCx 的 logo，秀出「數位信號處理器」的課程名稱，授課教師林顯易接著現身。

只見西裝畢挺、戴眼鏡的他，拿起烏克麗麗，自彈自唱五月天的情歌

臺北科技大學副教授林顯易，以烏克麗麗的調音為例，說明可藉由數位信號處理器調音。

「戀愛 ing」，一下子就拉近和修課學生的距離。

「各位一定會覺得很奇怪，我為什麼要拿這把烏克麗麗呢？」

林顯易解答學生疑惑：「我們看到它有個調音器，我們在彈琴之前，必須先調音，例如這邊有四根弦，」他彈出 La、Mi、Do、So 等四個音，「必須把音調得很正確，才可以開始彈，所以我們用調音器看音頻是否對。」

有別於一板一眼的制式教學影片，臺北科技大學自動化科技研究所副教授林顯易，以烏克麗麗的調音當引子，說明可藉由數位信號處理器，幫我們調音。

螢幕接著出現烏克麗麗第一條弦彈出中央 La 的音階，可透過麥克風錄成一條波形，再用數位信號處理技術，快速轉化成下方的一條頻譜，發現在 440 赫茲，有一個很大的能量，就像它的標記一樣，所以我們可用數位信號處理器，調出精準的 La，不輸某些有絕對音感的音樂家或調音師。

林顯易一一介紹數位信號處理器的應用，包括圖形識別、機器視覺、影像壓縮等影像處理，及隨選視訊等視訊處理，和回音消除、調頻調幅等通訊應用；還可測量腦波、心跳頻率等生醫資訊。

他不只用文字表示，滑鼠點一下「圖形識別」這四個字，就會出現辨識握拳的畫面；再點一下「機器視覺」，可看到用攝影機辨別瓶罐內綠色飲料的高度，檢測出沒裝滿液體的 NG 商品。

透過圖文並茂的講解，林顯易在短短 3、5 分鐘內，馬上讓學生了解「數位信號處理器」不是一個冷冰冰的專有名詞，而是在資訊社會、網路時代廣泛應用的實用技術。

例如家中音響調整高低音及設定家庭劇院各種聲音模式，都是靠數位信號處理器；現在甚至把一首歌放到網路，就會有專門網站，用數位信號處理技術，很快地幫你找出和弦、編曲。

擁有美國普渡大學博士學位的林顯易，是 DeltaMOOCx 的開路先鋒。他主講的「數位信號處理器」，和臺科大電子工程系教授林淵翔的「微算機原理及應用（Ⅰ）」，在 103 學年下學期率先上架。當年兩人都還很資淺，在科大任教不到 10 年，可謂「初生之犢不畏虎」，擔起創始的重責大任。

◈ 遠距教學啟蒙老師，八十幾歲還在網路教線性代數

林顯易回憶，他和線上課程最早的淵源，來自於美國麻省理工學院知名數學教授 Gilbert Strang。十幾年前赴美留學前，想複習已生疏的線性代數，於是上網看 Strang 錄製的免費開放式課程，同時練英語聽力。對方果然是大師，深入淺出，他聽了很受用。「Strang 如今已高齡八十幾歲了，還在網路教線性代數。」

「學習，本來就不應侷限在課堂。」多年來，林顯易已養成習慣，有什麼不懂，就上網找教學影片，第一次看不懂，就多看幾次。「你不用付 MIT、史丹佛的學費，就可上名校名師的課，多划算啊！」

林顯易說，讀碩士班通常只要修 8 門課，但 DeltaMOOCx 至今已開了 4 倍、三十幾門和自動化相關的課，學生若好好念，不用到學校，也不用花半毛錢，就可熟悉這個領域，多麼棒！

在錄製 DeltaMOOCx 的課程前，他曾接受教育部補助，錄製 OCW 課程，什麼都自己來，只要用簡單的網路攝影機，在教室或辦公室錄一錄，有影片放在網路就算完成，沒人仔細審核，教材和影片的品質不是很講究。有的教授甚至不做投影片，直接拍攝黑板上的粉筆字，或寫在紙上，拍成照片，字太小或太草，學生看不清楚。

由於有做過 OCW 的經驗，林顯易當初想，若課程類似，就再改一下，因此答應開課。他笑說：「沒想到被推入火坑」，DeltaMOOCx 比 OCW 嚴謹、費事多了。

不過，台達一門課給教授的經費，也遠比教育部補助高很多，加上有專業的攝影及後製團隊協助，還提供課程維護費聘助教，協助教授經營課程，課程整體品質好很多，「才能吸引教授跳火坑」。

林顯易說，進攝影棚錄製影片前，要做很多準備。他坦言，以前上課的講義，不會太講究，因為教授不只要教書，還要做研究、寫論文，除非對教學很熱情。但 DeltaMOOCx 的課，他花很多時間做投影片，台達基金會還請專人做動畫及漸進式的圖解。

且因是第一門課，肩負起建立格式的任務，要求很嚴，包括投影片的字形、字體大小，都不斷調整，力求呈現高畫質的最佳效果；每段教學影片的長度，也控制在儘量不超過 10 分鐘，以免學生看太久，會失去注意力。

翻譯字幕嘉惠外籍生，在星巴克被外校生認出來

「數位信號處理器」這門課，用到很多數學，不好理解。避免一開始就嚇跑學生，林顯易因此別開生面，用烏克麗麗彈五月天的歌，吸引學生進入主題，成為亮點。

「開了台達磨課師這門課程，真的讓我受益良多！」林顯易表示，他在臺北科大也同時開「數位信號處理器」，限大四或研究生修課，他都會請學生上課前，先上網看影片，看不懂就多看幾遍，還可暫停、放慢，「連上廁所都可看」。

這樣一來，他上課就不用講太細，「畢竟講多了，也很乏味。」學生有預習，哪邊不懂，會更有印象，課堂上就可提問、討論，否則上課只聽老師講一次，不知道重點，容易睡著。

值得一提的是，他班上原本有少數外籍生，因此採全英語教學，其中一人來自厄瓜多，是當年他千里迢迢遠赴南美招收的研究生，對方程度還不錯，聽得懂英文，但不懂中文，無法上網看 DeltaMOOCx 的課。

他特別感謝台達電子文教基金會，當時為了少數一兩個外籍生，字幕還翻譯成英文，不讓外籍生錯失學習機會。林顯易這門課，平均每學期約 500 人上網修課，除了臺北科大學生，還有很多從未見過面的外校及業界人士修課。

某一個週六，他到國父紀念館附近的星巴克喝咖啡，結帳時，男店員突然告訴他：「老師，我上過你的課。」他當下有點嚇到，因為對方不是臺北科大學生，卻這麼湊巧師生相認，讓他印象特別深刻。

還有一次，他參加研討會，也被兩個成大學生認出來，對方選修他和同校另 4 位教授合開的「機器人學」，見到老師的廬山真面目，趕緊找他一起合照，林顯易頓時覺得自己好像變成了網紅。

「大學教授做好磨課師，把一個概念講得更簡單、更清楚，就可以當知識型的 YouTuber 了。」他笑說。

不過，和大陸相較，台灣磨課師的開課數量及修課學生數，還是少很多。林顯易說，主因在於缺乏動機，「沒有蘿蔔」，因為對工科老師而言，要接研究計畫、寫論文，花那麼多時間做磨課師，教學績效占比卻不高。「今天如果做一門課可以拿 100 萬元，大家一定排隊搶著做！若非台達很用心，投資這麼多，磨課師在台灣很難推動。」

二、技能競賽金牌、裁判長，林淵翔授課重實務

「我們最近看到一個產品，叫『無線植物監控器』，上面有光感測器及濕度感測器，可針對植物平常需要的日照及水分作監控。」

螢幕上，臺灣科技大學電子系教授林淵翔穿著 10 年前為婚禮買的西裝，手拿一個像樹枝狀的 Y 字形無線植物監控器，插在花盆裡，透過手機連線，就可知道盆裡栽種的植物日照或濕度是否足夠，提醒是否該澆水或曬太陽。

在「微算機原理及應用（Ⅰ）」這門課中，他把實際產品帶到攝影棚

臺科大教授林淵翔在其主講的「微算機原理及應用（I）」，介紹樹枝狀的無線植物監控器和球形的無線遙控拍照器。

一一介紹，告訴學生微算機在數位世界的廣泛應用，比一般課堂的口語講解或投影片，更一目了然。

林淵翔是「做中學」的技職典範人物。就讀松山工農時，獲全國技能競賽金牌，保送臺北工專。之後又因拿到國際技能競賽金牌，保送臺科大二技，畢業後推甄上臺大電機所碩士班，並直攻臺大電機所博士。

取得博士學位後，他先到竹科的瑞昱半導體工作四年半，再回臺科大教書，並擔任全國技能競賽電子職類裁判長，年紀雖輕，產、學、研、訓的資歷卻很完整。

林淵翔說，他為 DeltaMOOCx 開設「微算機原理及應用（Ⅰ）」，實體課則開在大學部二年級上學期。當時他教書資歷還不到 5 年，完全不了解磨課師，也沒開過任何遠距課程，因此把它當成一個機會，就去試看看。

他比較台達磨課師和國內其他磨課師課程，優點在於比較有規劃、有制度，目標明確，鎖定自動化課程，台達電子文教基金會董事長鄭崇華全力支持，才有辦法撐這麼久。

其次，鄭董事長很要求品質，有基金會、專案辦公室和愛爾達電視台的支援及後製，也願聽取老師意見，一直檢討修正；反觀學校自製或教育部補助的磨課師，比較缺乏專業團隊的協助。

林淵翔舉例，他曾接過教學計畫，要拍 3 小時的磨課師課程，但老師要借學校攝影棚，找學生幫忙拍攝，但學生非專業，拍不好要一直重拍或修片；之後剪片、上字幕、維護，全都自己來，不像台達磨課師有專業團隊幫忙，辛苦多了。

◆〉DeltaMOOCx 品質高，大陸訪客也說讚

臺科大有時有大陸來訪團體，他們對 DeltaMOOCx 很有興趣，會問怎麼上，就請林淵翔去分享。他們很驚訝，台達把課程品質做得這麼好。

林淵翔說，DeltaMOOCx 錄製課程非常正式，愛爾達電視台的攝影棚現場有導播、製作人、音控、化妝師等團隊協助。他還記得，結婚時穿的西裝，婚後 10 年都沒穿過，終於派上用場，每次錄影就穿這套西裝上陣。

林淵翔說，有台達全力後援，可減輕老師很多負擔，比較有開課誘因，尤其後續請助教幫忙維護，才可持續開課到現在，真的很不容易。而公部門的磨課師計畫，因為經費、資源不多，能否吸引教授錄製，是個問題；拍完有無人力維護、推廣，是另一個問題。

林淵翔回憶，拍台達的課程，最大挑戰是投影片的製作。為避免版權問題，很多投影片必須重做，「1 小時的課程，至少花 10 小時準備。」還好有台達補助，請了很多助教，例如有一段參考英文教科書，要慢慢轉換，全部重做，圖也要重製，非常辛苦。

此外，錄完影之後，愛爾達會幫忙打字幕，但因有很多專業術語，有時會打錯，一小時的影片，往往還要看兩三遍，另外再花 3 小時校對字幕，若真的講錯，還得重錄。

林淵翔與林顯易的課最早上線，為建立格式，都不斷邊做邊改，包括投影片的底色設定為類似黑板的深綠色，字體的對比要清楚，大小也都調整過。

◈ 介紹穿戴式裝置，出外景戴心律帶跑步

為了讓課程更有臨場感，林淵翔這門課還「出外景」。在第一節課程介紹時，提到穿戴式裝置，就請學生戴著「心律帶」跑步，示範可透過無線網路，把偵測到的心跳等生理資訊，傳送到手機或電腦。

他把新產品也帶進攝影棚，除了「無線植物監控器」，他還介紹一種可和手機連線，有按鈕無線遙控拍照的球，都是結合 SOC 晶片與無線網路的應用產品。

林淵翔上課很重視實作，理論講完，會搭配實習課，有練習題，要操作實驗板，實習時會請學生看 DeltaMOOCx 影片的講解操作，對學生幫助很大，因為可重複看，也可回家看。為鼓勵修實體課的學生上網看 DeltaMOOCx 的課程，拿到修課證書的學生，總分外加 5 分。

不過，讓他較遺憾的是，學生主動學習的意願仍不高，半數以上學生不會先上網預習，課堂上要再重複講一次，但至少實際操作時，可以看影片講解，再不會，回家還可多看幾遍。

DeltaMOOCx 不少修課學生是校外人士，林淵翔說，他因此最常被問到，「實驗板要去哪裡買？」為避免衍生不必要的問題，實驗板不外賣，但會開放少數幾個名額，讓修課的校外人士來臺科大上實作課。

曾有校外退休人士選修這門課，覺得內容很好，寫信問能否提供上課講義，為避免版權問題，他還是婉拒，但課堂上的學生，他會提供 PDF 檔，幫助他們學習。

三、港仔教授黃永廣，用心靈雞湯鼓勵學生

「各位同學，The end depends upon the beginning。意思就是，我們得到的結果，取決於我們最初下了什麼決心，及整個學習過程是否真的努力學好。」

上完「微算機原理及應用（II）─ LC-3」的第一單元，雲林科技大學電子工程系副教授黃永廣引用英文諺語，鼓勵學生一開始學習就要努力播種，將來才會開花結果。由於微算機會應用到各種機器人、手機及消費性電子產品，「好好把這門課學好，以後各位同學就可發揮你們的創意，做

雲科大的港仔教授黃永廣，用心靈雞湯鼓勵學生。

出各種產品。」

在另一單元的結尾，他則以莎士比亞名劇「哈姆雷特」裡面的名言「to be or not to be」為比喻，提醒學生如何設計出跳（branch）或不跳的條件，是程式設計最重要、最核心的問題 。

黃永廣開設的「微算機原理及應用（II）─ LC-3」，是雲科大為 DeltaMOOCx 開的第一門課。他頂著一頭白髮，操著像港星一樣獨特的廣東口音國語，加上每單元結束時喜歡引用名人名句的「心靈雞湯」鼓勵學生，讓黃永廣成為 DeltaMOOCx 授課教師群中，令人印象深刻、辨識度很高的一位。

黃永廣說，他在香港讀完高中後，留學加拿大多倫多大學，畢業後到美國德州大學奧斯汀分校念研究所。念博士班時結識在同校攻讀教育心理學博士的太太，兩人在當地市政廳公證結婚。他拿到資訊科學博士學位後，就跟著太太回故鄉雲林定居。

他 1993 年起到雲林科大任教，至今已 20 幾年，沒換過學校。愛慢跑的他，即使大熱天，也會在課餘時穿著短褲，享受在遼闊校園跑步的樂趣。

黃永廣說，他之前沒開過遠距教學課程，但曾與一名正修科大的老師共同開設一門遊戲相關課程，對方不用到校，就在高雄用 YouTube 直播教導如何使用軟體，影片放在網路上，學生平時可隨時反覆觀看。

他坦言，平時很忙，幫 DeltaMOOCx 開課，起初其實有點「勉為其難」，因為要花很多心力錄製影片，怕排不出時間來。

此外，錄製工科的磨課師課程，有個結構性問題，也讓他有些疑慮。像他在課堂上喜歡教學生動手操作，改為網路課程，有些軟體可在電腦操作，但若牽涉到開發板、機器人等硬體，很難要求學生自備，除非台達協調學校提供教室及硬體，讓學生操作，否則只能把操作過程錄影下來，無

法讓校外人士實作。

他認為，除了讓修課學生回答練習題，仍要鼓勵他們動手做，包括硬體接線和軟體除錯等。學生從做中學，遇到困難或犯了錯，上網找資料再修正，才算真正完整的學習。光看影片，無法確保學生真的學會。不過，幾經思量，他仍答應開課，希望透過多舉實例、外拍錄影的方式，彌補實作不足的缺憾。

他開的實體課程，一部分講解理論，一部分是實作。磨課師影片多數教理論，實作部分則教學生操作一種國外入門款的處理器 LC-3，由美國德州大學和伊利諾大學教授共同研發，全部只有 15 個指令，複雜度低，容易理解與操作。這也是國內第一門採用 LC-3 的網路課程，學生可隨著詳細說明的實作錄影，一步一步跟著做。

◆ 講課力求實用、和產業結合

黃永廣說，成功的磨課師課程，除了要深入淺出，還要和產業結合，以後能真正派上用場，才能縮減學用落差。例如教到電腦、手機都會用到的微處理器，他會透過自走車、玩具機器人、LED 跑馬燈等具體的實況錄影來解說微處理器；進階應用如自走車加裝光感測器，就可讓機器人區別地上的黑線和白色背景，自動繞著黑線走。

此外，國內大學這門課往往不教「組合語言」，但手機某些關鍵的程式碼，用組合語言寫比較快，他在這門課也會教到；其他像暫存器、記憶體、FPGA 等計算機基本知識也都會教，因為學生以後設計處理器、晶片，都會用到。

黃永廣起初在雲科大的攝影棚錄製，但效果不是很滿意，改到愛爾達

的攝影棚重錄。他們比較專業，除了燈光、音效，穿著、化妝都會要求，例如他的眉毛太白，影響電視畫面上的呈現效果，還特別塗黑一點。

多次獲選優良教師的他，置身電視攝影棚，講課很自在，很有自信，不會怯場。但對著攝影機講話，沒和學生互動，他事後看教學影片，認為表情還可再豐富一點。

經過這門課的「集訓」，他說自己的教學能力變得更好。例如他花很多時間製作投影片，上網看了國外很多不同學校的類似課程，根據錄製影片的長短取捨教材，再用中文編排，做得比以前更好。

引用名歌、名詩、名句，用英文教人生哲理

最特別的是，黃永廣在講課時，都會穿插輕鬆的話題或小故事，吸引學生興趣，每一單元結束前，常會引用一小段名人名句，教學生英文。

例如他引用已故美國鄉村歌手 John Denver 的名曲歌詞：「Country roads, take me home to the place I belong.」，提醒學生從副程式跳到主程式，要記得從哪跳來的，就像不要忘記回家鄉的路。

英國詩人 Blake 的名句「從一粒沙看世界」（to see a world in a grain of sand），則被他引申為「從一顆單晶片，也可看出電腦或手機是很複雜的計算機器。」

他也分享林書豪的名言，「Opportunities are given to those who are ready.」，鼓勵學生「機會是留給準備好的人」。

黃永廣鼓勵上實體課程的學生，也上網修 DeltaMOOCx 同一門課，拿到證書會加分。班上約 7、8 成學生有選修，用心學的分數都比較高，甚至有人重複修課。

磨課師可隨時隨地重複觀看，有實體課程無法達到的功能，但
DeltaMOOCx 儘管有設討論區供學生提問，仍無法像課堂上一樣即時互
動。為彌補這項缺憾，並鼓勵在課堂上不好意思開口的同學勇於發問，黃
永廣會和學生約好，定時在線上討論、回答問題，很受學生好評，

　　好學不倦的黃永廣說，科技日新月異，教授要不斷提升專業知識。他
10 年前才開始自學物聯網、機器人等新知識，並協助籌組雲科大未來科
技研究中心，將邀請許多國外專家來講授 AI、機器人、物聯網等科技，
未來若他忙得過來，也不排斥幫台達開新課。

四、校花「壹零小姐」登場，蕭宇宏上課融入動漫超吸睛

　　「今天我們的攝影棚，來了一位貴客，就是天字第一號大學的校花『壹零小姐』。」

　　只見 DeltaMOOCx 的螢幕，出現大學校舍及「壹零小姐」的漫畫，和「數位電路設計」的授課教師蕭宇宏展開對話。

　　「哈囉哈囉，大家好，我今天來是有一個目的啦。」愛爾達製作人石曉茜扮演壹零小姐的「聲優」，問候大家。

　　「什麼目的啊？」老師問。

雲科大電機系主任蕭宇宏主講「數位電路設計」，生動活潑，學生印象深刻。

雲科大電機系主任蕭宇宏自創虛擬角色「壹零小姐」，透過和這位校花的對答，帶領學生進入「數位電路設計」的世界。

「我要跟老師抱怨，都是我哥啦！昨天回家他問我，1+1 是多少？我就回答，不就是等於 2 嗎，這麼簡單的問題還問我。結果咧，他就笑我是原始人，說都已經是數位時代了，1+1 是 1 啦！他現在都叫我原始人，真是氣死我了啦！」

「沒錯，沒錯，嗯，原始人……。」

「怎麼連老師都笑我是原始人？」

「不是啦！抱歉，我並不是笑你是原始人，我的意思是，我大概了解妳哥是怎樣的想法。」

「那到底是什麼想法，老師趕快告訴我，我再也不想當原始人了。」

在「數位電路設計」這門課，雲林科技大學電機系主任蕭宇宏首先介紹「數位世界」。他別開生面，自創一個虛擬動漫角色—校花「壹零小

姐」，她很認真聽課，常提出想法，與蕭宇宏對話，讓他的課和林顯易一樣，一開始就很吸睛，學生及課程審查委員都印象深刻。

蕭宇宏說，大學教授對於網路課程的效益，往往有疑慮，因為上課推導理論，要透過課堂上的眼神交流，較能確認學生是否聽懂，只透過網路授課，沒看到學生，要如何教會他們，是一大考驗，投入的成本、付出的心血也相對高。

此外，相較文科老師上課，可以包裝的素材多，工科老師開網路課程，相對受限，如何講得生動有趣，是很大挑戰。

蕭宇宏在 DeltaMOOCx 平臺與雲科大電機系副授洪崇文共同講授「數位電路設計」，另主講「FPGA 系統設計實務」。他表示曾在雲科大「網路學園」平臺，開過類似課程，因此答應在台達磨課師開課，希望更加精進，力求投影片不要太呆板，多用動畫呈現，避免太枯燥乏味，這也讓他比喻的能力大大提升。

他說，以前上課時，較少注意學生是否真的理解，但上台達磨課師的網路課程，他會特別注意，用哪些比喻，可讓學生更理解，更深入淺出。

尤其現在的學生是「圖像世代」，網路課程的投影片，若都是艱澀的文字或理論，很難吸引他們全神貫注。他因此絞盡腦汁設計生動的圖片、動畫，和實際生活連結。

◈ 1 與 0 的完美二重奏，易經透露數位世界玄機

例如他透過壹零小姐提出疑問：為何在數位世界，1 加 1 可以等於 1？他從頭介紹 0 與 1 的「二進制」，指在現實世界裡的運算，1 加 1 的確等於 2，但在數位世界的運算，1 加 1 等於 1，的確是成立的，只不過這邊

的「加」不是加法，而是「或」（or）的邏輯思維想法，代表兩者取其一。

　　例如有人問你晚上想吃什麼，你可能回答想吃麥當勞或肯德基，這裡的「或」，就是一種邏輯思維的概念，為何數位世界會使用邏輯思維的運算呢？他先賣個關子，沒有馬上給答案，吸引學生繼續聽下去。

　　蕭宇宏接著解釋，數位世界為何只透過 0 與 1 這兩個數字來運算，他秀出動畫，顯示有兩個朋友在黑暗中不能講話，只能透過手電筒開關亮暗來溝通，如同只用 0 和 1 這種極端的方式來傳遞信息，可假設 0 代表 1 秒的暗，1 代表 1 秒的亮；若用來表示英文字母，A 可代表 00（暗暗），B 代表 01（暗亮），C 是 10（亮暗），D 則是 11（亮亮）。

　　如此把符號和文字透過編碼成為 0 和 1 的各種序列，就構成整個數位世界，非常神奇。蕭宇宏說，若借用音樂的術語，就是「透過 1 與 0 完美呈現出來的二重奏」。

　　更特別的是，蕭宇宏引用易經八卦圖，告訴學生，大家都以為數位世界是外國人的發明，但對他來說，幾千年的老祖宗，早就提出相關概念。易經提到，混沌產生的陰陽兩極，孕育出世界萬物，若把陰看成 0，陽看成 1，不就是數位世界的呈現方式嗎？

　　只不過，易經用長槓（—）的記號代表陽，兩個短槓（--）代表陰，正所謂「太極生兩儀，兩儀生四象，四象生八卦，八卦演萬物」；且透過八卦圖的呈現方式，更有藝術氣息及哲理，讓易經不只是卜卦之書，而是集合老祖宗的所有智慧，蘊含否極泰來、物極必反等人世間的道理。

　　透過短短幾段話和動畫，蕭宇宏很快引導學生進入 0 與 1 構成的數位世界，看似簡單，可是很燒腦呢！

錄磨課師讓他自信滿滿，首次有學生說上課很快樂

「上 DeltaMOOCx 一小時的課，往往要花 12 小時準備！」蕭宇宏說。他以前習慣對著學生講話，雖然錄影前已在家練習很多次，但第一次進愛爾達的攝影棚錄製影片，要對著鏡頭講話，仍結結巴巴，常吃螺絲，狀況百出，起初讓他覺得很尷尬，挫折感很大。

不過，愛爾達對他這個「素人」真的很有耐心，不厭其煩指導他該怎麼講才會自然，要他別緊張，經過一段時間熟悉後，就逐漸上手。但過了一年，要錄第二門課時，他又出狀況，感謝錄製團隊支持，幫助他再度突破，相信自己做得到。

「因為上了 DeltaMOOCx 這兩門課，我現在對著機器，都能談笑自如。」蕭宇宏笑說。以前他上課，很容易受學生影響，一旦發現有學生低頭滑手機，不認真聽課，會覺得很鬱卒。但他現在看開了，遇到同樣情況，他依然可以自信滿滿，講得很精彩，至少對得起認真聽課的學生，這是一大進步。

學生的回饋，更讓蕭宇倍感窩心。他回憶，106 學年上學期他第一次上「數位電路設計」，有個來自業界、非自動化相關背景的學生，上課很認真，投影片看得很仔細，會幫忙校對錯誤。

課程結束後，這名學生曾私下寫電子郵件給蕭宇宏，說上這門課很快樂。「我教了 10 年書，印象中，從沒有學生告訴我，說上課很開心。」這讓蕭宇宏很感動。

他觀察，會提問的學生，多半來自業界，他們有的已當上老闆，經驗很豐富，卻願在百忙之中上網充實專業知識，師生相互砥礪成長。

蕭宇宏說，他在 DeltaMOOCx 開兩門課，也都同時在雲科大開實體課程，用同樣教材。他在課堂上第一次上課，都會鼓勵學生同時修線上課程，可以加分。他發現，有學生每次上課前，就已先預習 DeltaMOOCx 同一單元的課程，上課有不懂的地方，也可上網複習、提問。

蕭宇宏說，甚至有學生上實務課時，遇到不會操作的地方，就直接用手機上網，找到 DeltaMOOCx 洪崇文教授負責錄製的實作影片，跟著操作就會了。「上磨課師，就如同請了一個 24 小時全天不打烊的免費家教！」

　　和林淵翔一樣，雲林科技大電機系副教授洪崇文也出身業界。他到雲科大任教前，已在電子業待過十幾年，上課因此很強調實作，要一個動作、一個動作慢慢教，以免學生一旦按錯一個鈕，後面做出來的，就完全不一樣。

　　所以他坦言，一開始對純粹看影片的磨課師等遠距教學不是那麼熱衷，因為較難經營班級及掌控學習成效，無法確認學生真的會操作；且技術日新月異，花了很大功夫錄一門課，裡面用到的軟硬體，可能 5 年後業界就不用了。

　　尤其台灣的市場小，不像大陸錄一門課就可當網紅，動輒上萬人，甚

雲科大副教授洪崇文為了講授「嵌入式系統（I）」，重新整理教材，對教學很有幫助。

至 10 萬、20 萬人選修，他認為這是台灣工科磨課師課程無法推展的主因。

不過，一口氣在 DeltaMOOCx 開了「嵌入式系統（I）」、「感測器之原理與應用」及「數位電路設計」3 門課之後，他發現對教學大有幫助。「因為課堂上教實務操作，會遇到一個問題，就是一班 50 名學生，並非每人都那麼專注，有的領悟力或反應比較差，往往要教好幾次，才能讓多數學生都聽懂，很浪費時間。」

但透過 DeltaMOOCx 的外拍課程，把實務操作的過程仔細錄下來，學生上課漏掉哪個環節，或有哪個地方聽不懂，就可回家複習，慢慢看影片，他課堂上也就不用教太多遍。畢竟實務課不懂，光看教科書或圖片，不如看影片有用。

◈ 畫一張圖要花一兩小時，講課從未這麼認真！

洪崇文說，錄製 DeltaMOOCx，最大好處就是督促自己把所有教材再整理一遍，重新包裝出一套適合的教案，尤其網路課程，更不能只是照本宣科，抄教科書，要更生動活潑。

「有時光為了畫一張圖，就要花一兩小時。」他感謝台達提供經費和助教，讓他得以重製教材，除了加入動畫，他也引進最新時事、產業趨勢，避免學生看了太無聊。

「一門成功的磨課師課程，光靠老師單打獨鬥，絕無法完成。」洪崇文舉例，錄影時收音不清楚，還要重錄，錄完還要花很多時間聽打字幕。台達從錄製到後製，都有專業團隊，使用專業的器材從旁協助，課程品質自然會比一般大學做的好很多。

「我上其他的課，都沒像上台達的課那麼認真！」洪崇文回憶，儘管

已教學多年，但他從未錄製過線上課程，第一次進攝影棚，還是很緊張，前一晚幾乎沒睡，都在準備教材、練習解說投影片。但一進棚，還是 NG 很多次，「而且一想到會永遠放在網路，我就不太敢像在課堂上一樣亂開玩笑。」他笑說，也因此覺得講課的表情有點嚴肅，還可再更輕鬆一點。

不過因為對實務操作太熟了，他錄製「數位電路設計」等科目的實習課時，他就非常熟練，幾乎都沒 NG。

◆ 高工老師慕名到校請教，洪崇文贈練習平臺

「學生若能認真使用 DeltaMOOCx 的教學資源，對學習幫助很大。」洪崇文設計的網路課程，雖然和實體課程相關，但不會一模一樣。例如他會提醒學生，網路可能會教得比較難，「課堂上會考喔！」或把課堂上沒做的部分，在網路做出來給學生看，督促他們上網學習。

DeltaMOOCx 的優質課程，也讓校外人士慕名而來。洪崇文印象最深刻的是，他教「嵌入式系統（I）」時，嘉義有個高工老師因教學需要，報名上這門課，非常認真，甚至還跑到雲科大來請教相關問題，最後他送了兩三片日商瑞薩電子提供的平臺給這位老師練習；有幾位修課的台達員工也很認真，會寫電郵問問題。

不過，身兼 DeltaMOOCx 課程規劃委員的洪崇文說，業界人士、尤其非技職體系出身的人，要來修平臺上的自動化學程，其實有些門檻，可能要修過微積分、工程數學、C 語言等更基礎的科目，才能上手，否則有些課程可能會卡住。

他建議，針對不同客群，DeltaMOOCx 的平臺，未來也許可以增加一些更基礎的科目，培育專業知識更完整、更扎實的自動化工程師。

六、長期與台達產學合作，曾百由堅持到校實作才給證書

DeltaMOOCx 和國內其他磨課師課程的一大差別，在於特別強調結合產業與實作，不乏洪崇文、林淵翔等曾在業界工作多年或產學合作經驗豐富的老師，其中臺北科技大學機械工程系副教授曾百由堪稱和台達合作最久，也是唯一要求校外修課學生要到校實作、通過檢測才發給證書的教授。

任教逾 20 年的曾百由回憶，多年前台達研議在國內大學設教學實驗

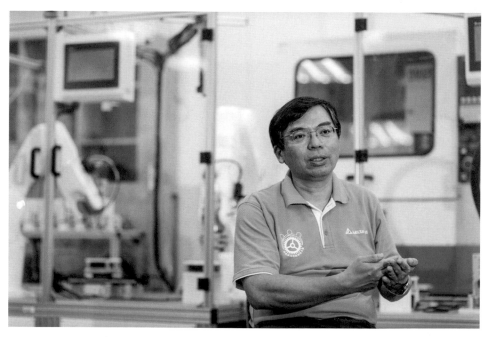

臺北科大副教授曾百由長期和台達產學合作，開設的「工業自動化控制元件設計與應用」，很受好評。

室，認為設在臺北科大是最好的選擇。最後由電機、機械系承接實驗室規劃，安裝台達設備，包括基礎元件和系統整合，並設了兩個實驗室融入教學，由台達工程師協助訓練種子師資，花了兩年時間逐步建立課程。

除了課程，2014 年台達在大陸創辦「台達杯高校自動化設計大賽」，根據綠能、自動化、智慧化等不同主題，用台達的自動化設備，發揮創意設計出作品，參加對象從大中華地區，擴及到歐洲、印度、東南亞等國的大學生。

2019 年第六屆台達杯共來自各國 127 所大學、230 隊參加，除了兩岸學生，泰國、印度、越南、荷蘭的隊伍也入圍決賽，最後我國的中山大學、上海交大、荷蘭方提斯大學的 3 支隊伍獲特等獎優勝，曾百由不但在這屆比賽獲頒「台達機電技術長特別獎」，他帶領的臺北科大隊伍也獲一等獎肯定。

曾百由說，和台達合作 5 年之後，台達電子文教基金會創辦 DeltaMOOCx，由北科、臺科、雲科等三校組成聯盟推動計畫，臺北科大有台達的設備和教學環境，當然義不容辭，希望把台達協助臺北科大建立的教學資源，推廣到其他學校與相關產業。

曾百由說，他除了擔任 DeltaMOOCx 的課程規劃委員，協助規劃、審核課程內容，還主講「工業自動化控制元件設計與應用」，並和同校的林顯易、林志哲、蕭俊祥、葉賜旭等教師合開「機器人學」。

他說，「工業自動化控制元件設計與應用」這門課，當初由他提出構想，分成理論與實作兩部分，理論有線上評量檢測成果，實作雖可透過平臺看程式、指令、編輯等示範畫面，但若學生沒自己動手做，尤其若沒有操作工業設備的經驗，恐無法學到精髓，學習不完整。

曾百由表示，臺北科大同時開設的實體課程，本來就很強調實作，但

早期還沒有台達設備時，實作設備很簡陋，只用 PLC 教一個學期，還要做實務專題，才有機會學到整合、應用的開發。

但後來有台達奧援，臺北科大設備很充足，基礎的就有三十幾套，進階的系統整合有 4、5 種教具共二十餘套以上，足以提供學生練習的能量，因此很要求學生實作，不要紙上談兵，才能和產業接軌。他也希望把這個精神帶進台達磨課師課程，讓各校學生、業界人士都可使用臺北科大設備。

◈ 台達捐贈設備不藏私，開放北科實驗室讓校外生實作

曾百由規劃的網路課程，前半段教人機界面、PLC，都可在電腦上模擬操作，不一定要接觸實體設備；但後半段教系統整合等單元，就較需要接觸實體。

他因此開放實驗室設備，讓校外學生一學期到臺北科大實作 6 次，每次約 2 到 3 小時，不管人數多少，都有助教在旁指導。最後考量器材耗損與助教費用，酌收每人 2000 元成本費用，希望學生能更珍惜教學資源，非為營利。

但因校外學生要考量時間及往返台北的距離，來的人不多，起初每次十幾人，後來剩個位數。反倒是很多其他學校了解磨課師對學生的幫助，也把曾百由這門課列為輔助教材。

曾百由說，有的學生甚至自購台達的 PLC 等設備，帶來臺北科大的實驗室做，或在家自己練習。大老遠來臺北科大上實作課的學生，往往會提出很多問題，很認真了解來龍去脈，助教都會協助解答。

他表示，這門課用的基礎設備很簡單，加起來不到兩萬元，若學生有

意願，未來或可由臺北科大或台達協助做成一個簡單套件，業界人士就可自己跟著課程學。他為了這門課還特別寫了一本教科書，希望和台達一起合作，讓學生真的學到自動化技術。

曾百由說，這門課的實體課程目前在臺北科大機械系機電控制學程列為必修，他要求學生也都要註冊選修網路課程，線上評量比較偏向文字面，校內評量較偏實作，次數、難度都比校外學生高。臺北科大班上學生只要線上、校內評量都通過，就可申請台達磨課師的證書，每學期有 10 到 20 人拿到證書。

至於校外學生，練習時間比較少，因此調整標準，只要通過一次期末實作檢測及線上檢測即可拿到證書。

他表示，學生到業界以後，很難有機會學到這麼多東西，以臺北科大現有教學設備，絕不輸業界，他因此對學生要求較嚴格，希望他們能扎實學到專業技術。

這也是一開始曾百由和台達合作的目標，因為業界從十幾年前開始，就普遍抱怨學生學非所用，有嚴重的產學落差。面對業界技術不斷進步，學校該如何跟上腳步？只有透過和業者合作，才能形成良性循環，否則光靠學校有限資源，很難跟上。

但業者不斷推出新產品，學校要跟上腳步很辛苦，也要有台達這類企業願意長期配合。

◆ 組隊到大陸參加台達杯，自信北科學生工藝水準高

近年來透過網路、實體課程及實務操作的磨練，再組隊參加台達杯設計大賽，和各國選手交流，更能縮短產學落差。曾百由說，他幾乎每年都

會帶學生參賽，每次都會得獎，還拿過兩次最好的特優。他很有自信地說，歷年臺北科大學生參加台達杯的作品，工藝水準比國內及大陸其他大學好很多。

近兩三年起，換他挑戰台達：「以前說產學落差，學校訓練出來的學生不能實作，現在倒過來講，臺北科大訓練出來的學生，你們為什麼不爭取錄用？」尤其台達的生產部門，很多臺北科大畢業生現在都可勝任。

他強調，未來智慧製造是台灣需要培養的核心競爭力，加上有台達這樣的國內企業有企圖心，願意投資，產學可好好合作，教導學界、業界如何使用這些設備。

根據他的經驗，若用其他品牌的設備，技術支援相對間接，有些技術也不見得會釋出，出了問題無法協助解決。但台達對學校真的很慷慨，很多問題可直接諮詢他們的研發單位。

不過，他說，進攝影棚對教授來說，真的是個負擔，因為要求很專業，一開始授課比較像傳統主播，但他為 DeltaMOOCx 的課程，做了很多實作的教學影片。他和同校另 4 名教授開設的「機器人學」，最後兩小時的課，甚至還拉到他的實驗室拍攝台達機械手臂的操作及使用方式，學生若認真看，課堂上就不太需要老師重複教。

現在很多老師推動線上教學、翻轉教室，但曾百由說，這對文史哲領域的教授較簡單，工科因牽涉太多實作、技術內涵，製作磨課師課程很不容易。他估計，從前面做投影片、講稿、進攝影棚，到外拍及後面剪接、校對，影片至少要再看 3 次以上，他錄 1 小時的課，大概足足要花 10 小時才能完成。

他強調，錄製磨課師課程雖然費時費力，但透過有系統地整理教材，對老師的教學一定有幫助。像他現在教到機械手臂、機器視覺時，自己就

會拍示範影片，放在學校網路請學生自行觀看，減少上課示範、講解的時間。

　　曾百由表示，當初鄭崇華先生鎖定台達磨課師推自動化學程，無非希望和產業結合，提升技術，但業界用的東西不斷翻新，若磨課師課程仍停留在5、6年前的技術，很快就會過時。如何更新、再製課程，教學生使用更新、更好的技術與設備，永遠跟著產業的步調走，是磨課師平臺未來的長期任務。

七、蔡明忠正課採用磨課師教材，學生第一節課在家看影片

許多 DeltaMOOCx 的開課教師，同時在學校開課，但多半把網路課程當成輔助教材，不會正式採計學分，課堂時數不會因此減少。不過，臺灣科技大學自動化及控制研究所教授蔡明忠和另兩名教授共同開設的「自動化工程導論」，有不一樣作法。

他虛實整合，開放修 3 學分實體課程的學生，每週第一節課可不用到校，在家看 DeltaMOOCx 影片與線上題庫練習，形同採計 1 個學分的磨課師課程，除可鼓勵學生修課，課堂上也可留下更多時間讓學生提問、討論，學習效果更好。

臺科大教授蔡明忠和另兩名教授共同開設的「自動化工程導論」，連班上的外籍生也說讚。

蔡明忠說，臺科大早在 1983 年就成立自動化中心，1994 年設自動化研究所，1999 年又開設跨領域的自動化學分學程，對於自動化的研究及教學，起步很早。其實早在 1980 年代，自動化就熱門過一陣子，直到工業 4.0 時代來臨，導入機器人之後，產業自動化已是必然趨勢，臺科大因此加入台達磨課師計畫，由當時的研發長恒勇智擔任審議委員，在研發處成立專責單位推動，2015 年改由自動化所負責，並由所長擔任課程規劃委員，參與規劃台達自動化磨課師課程。

由於蔡明忠教授在所裡較資深，並開授「自動化工程」多年，當時（103 學年度上學期）的所長蘇順豐教授在台達自動化磨課師計畫第一年便找他錄製「自動化工程導論」。後來他於 2015 年 8 月起接任所長，角色由錄製教師轉為擔任課程規劃委員，繼續尋求跨領域師資錄製後續課程，因為有錄製經驗，對後續之課程錄製推動應較有幫助。

他說，臺科大老師除了教學，還要執行研究計畫等，平時比較忙，為減輕老師負擔，很多課找臺大、中原大學、勤益科大、虎尾科大、華夏科大、高雄科大等他校教師共同開設，像他參與的「自動化工程導論」，就和同校李敏凡教授及華夏科大的蔡裕祥教授一起錄製課程。

「所長當時找我開課，一開始心裡很掙扎。」蔡明忠指出，錄製台達磨課師要花很多時間，事先要準備中英文教材，依規劃的格式呈現；錄影前要參加製播會議、擬定講課腳本；進攝影棚錄影時，雖然有整個後製團隊幫忙，但要克服對著攝影機講話等心理障礙。

此外，磨課師影片一旦上線後，等於要接受「全民公審」，有些教授心態上比較保守，不願參與。但他認為，本來就在學校開這門課，錄好影片，以後也可用，因此毅然接受挑戰。

⬡ 規定預習磨課師影片，每周上課前先小考

蔡明忠說，他的「自動化工程」實體課程開在大四、研一，磨課師課程當成同步輔助教材。同時也參考台達磨課師多次研習營中先進的分享與作法，即採用類遠距教學的概念，學生上課前先上網預習，之後，當成正課的一部分，學生接受度比較高。也就是如每週上三節課，第一節採遠距教學讓學生在線上看影片（通常一週前先上線，學生有足夠時間可彈性學習，無論平板或手機皆可觀看）。到教室上第二節實體課時，先進行簡易評量（小考），除了考線上題庫的選擇題，也考問答題，確保學生會看網路課程。而修實體課程同學，也同步運用校內教學平臺，提供補充資訊與實體演練機會，也就是所謂的線上到線下（Online to Offline, O2O）模式，屬於較積極且有效的教學創新模式。

學生註冊修磨課師課程，也有鼓勵機制。除線上評量算平時小考成績，占總分 1 到 2 成，這門課和「自動化工程師」認證考試連結，除了教材相關，有助準備考試，註冊修這門課的學生，報名認證考試，也可享 7 折的集體報名費優惠。

他統計，這門課在 104 學年上線至 108 學年下學期，累計已超過 300 名學生拿到台達磨課師證書，平均每學期約有 30 人完課。

蔡明忠說，他近年來教過德國、印尼、越南等國交換生，他們同樣上網看磨課師，若聽不懂中文講課，則自行設法翻譯，但練習題、考試會另外翻譯給他們做，學生對於課程可重複觀看、有練習題庫及討論區等多元功能，都很肯定。他曾到淡江、中原大學等校演講，或是到業界上課，也都會順便推廣台達磨課師的自動化課程。

不只業界人士來修課，甚至連優秀的高工生也「越級」選修蔡明忠的

課。據了解，有個臺中高工學生上網先修蔡明忠的「自動化工程導論」，成績很不錯，後來錄取臺科大。

◈ 錄製課程像軋戲，推動磨課師要克服兩盲點

教書已 25 年的蔡明忠笑說，錄製台達磨課師的課程後，若問大家是否還想再來一次，可能很多人會搖頭，「因為過程真的滿煎熬的！」但對後續教學，會有啟發效果，像和他一起開課的華夏科大機械系蔡裕祥教授，專門培養國際技能競賽國手，也是裁判長，就按照台達磨課師的模板，自己為學校錄製另一門遠距課程。

「若沒有台達基金會贊助，根本不可能開出這麼多自動化磨課師課程。」蔡明忠說，教育部補助錄製磨課師，經費比台達少很多，且從錄製到後製大多要教授一手包，什麼都要自己來，品質較難掌控。

反觀 DeltaMOOCx，不包括錄製、後製費用，光補助教授的費用就高出許多；且為確保品質，在專業的電視攝影棚用高畫質機器拍攝；投影片的圖表品質也要求很高，且影片時間也要拿捏，有時到現場還要改，避免太冗長；一段影片力求控制在 10 分鐘左右，比較能聚焦。

蔡明忠說，在攝影棚錄台達磨課師，就像主播一樣，要戴耳機、麥克風，且不能隨便移動，要看著前方的投影片字幕。現場有化妝師、燈光師、音控、導播、製作人等專業團隊協助、指導，DeltaMOOCx 專案辦公室人員也陪同到場幫忙，不會讓教授單打獨鬥。

他笑說，錄製課程的期間，像軋戲一樣，排定進棚前兩天要挑燈夜戰，密集製作投影片，儘管事先都會先練習，但真正錄影時，還是會 NG。

蔡明忠估計，錄 10 分鐘的課程，約需要 10 張投影片，錄 1 小時約 50 到 60 張，光前置作業就不只花 10 倍時間。他上課的投影片雖已電子化，但因牽涉版權問題，很多圖要重製，有的還要做動畫，動態呈現。

對磨課師課程很有研究的蔡明忠說，台灣推動磨課師，有兩個迷思要克服：一是只看影片，無法實作的問題；開放實驗室讓校外學生操作，技術上沒問題，但學生有沒有辦法抽空來、是否收費、收多少錢，都要考量。

其次，自己開某一門課，若發現其他老師錄製的磨課師教材也很受用，是否要當成輔助教材？老師要克服心結及門戶之見，才可讓辛苦錄製的磨課師課程發揮最大效益。

蔡明忠建議，未來磨課師平臺可以學習者為導向，學習中華電信 MOD 採「隨選視訊」，讓學習者能在平臺上快速看到所有課程、影片的清單，再根據自己的愛好與需要，挑選不同課程、單元的影片，當成一個「套餐」，不用每門課都從頭看到尾。畢竟目前大部分課程皆配合一學期 18 週之學習進度，許多非在學人士恐因時間因素，造成完課率並不高之現象。

八、「大刀」教授很會當學生，許東亞網路開課也不放水

　　DeltaMOOCx 的自動化學程，邀集臺灣科大、臺北科大、雲林科大這三所頂尖科大的教授開課，不乏留學名校，教學傑出者。他們治學嚴謹，即使開設網路課程，也絲毫不馬虎，不只教材內容豐富，條理分明，線上考試也不放水，一樣要下苦工才能拿到證書，臺北科技大學製造所所長許東亞就是個最好的例子。

　　許東亞取得東京大學博士學位後，2002 年起在臺北科大任教至今。他在學校開設的「工業電子學」、「應用電子學」、「機電整合」3 門課，都使用他在 DeltaMOOCx 錄製的「工業電子學」當教材。他規定修這 3

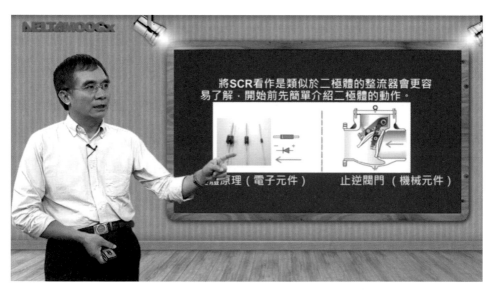

臺北科大教授許東亞主講「工業電子學」，雖是網路課程，但考試嚴格，必須相當努力才能拿到完課證明。

門課的學生，要註冊選修網路課程，拿到完課證書，學期總分可加分。

許東亞說，學校當初請他在台達磨課師開課時，他本來很擔心教材的版權問題，因為上課的投影片會用到很多實物照片、圖表及動畫，若取自教科書或網路，要確保不能侵犯著作權。還好台達提供經費聘助教，可以重新整理、製作投影片。

他在「工業電子學」這門課當中，主要講解基本的工業電子學及控制的概念，例如介紹溫度、光、位置等不同類型的感測器特性及應用，像冬天常用的電暖爐，加熱的時候要知道溫度，就可用溫度感測器控制迴路。

「我是系上的大刀，很多學生被我當掉。」許東亞說，「工業電子學」很難考，上他課的大一、大二生，通過的人不多。即使網路課程的考試他也不會放水，不只考複選題，也有問答題，每年發不到 5 張證書。「當我的學生，不能貪圖小確幸，指望蒙混過關，要很認真才能過。」

◈ 課堂考試多從磨課師出題，看得滾瓜爛熟不難過關

許東亞說，他課堂上的考試，幾乎都從台達磨課師的網路教材出題，學生只要課前上網預習、考前複習、做練習題，看得滾瓜爛熟，要過關應該很簡單。像上這門課的產學訓專班學生就很認真，都先看網路課程，做筆記，隔天上課就很容易聽懂。

許東亞的課程，除了介紹基本概念與元件，也會示範簡單的電路實驗。不過他說，為了讓學生更有興趣學習，其實還是要讓學生動手做實驗，光只看老師講解實作的影片還不夠。他因此在教學影片中，都會提醒學生，可到三創園區等地買電子零件，對照網路教材在家實作。

他建議未來這門課，在看完網路課程後，還可搭配 6 小時的實作課程，

學生可自費約 2000 元買零件，由老師或助教指導學生實際操作，會更有效果。

許東亞說，在後疫情時代，網路遠距教學會更加發達，學習速度會越來越快，台達磨課師是很不錯的教學平臺。他很感謝台達給他錄製課程的機會，讓他趁機重新審視、消化教材，讓教學變得更豐富、更深入淺出，對他幫助很大。若無台達全力支援，一般老師沒能力做出同樣的品質。

他表示，若光靠教育部微薄的補助，要教授一手包辦，做出來的磨課師不會這麼漂亮，很可能只是應付一下；尤其接公部門的計畫，行政程序繁瑣，也會影響教授開課的意願。

反觀錄製台達的課程，從化妝、打光、布置螢幕、打字幕，都有專人負責，支援非常到位。

◆ 抱病錄影咳嗽，陸生三年後寫信要老師保重

許東亞表示，實體課程可和學生互動，但錄製網路課程，進入攝影棚的密閉空間，要有豐富的想像力，他雖然很少 NG，但講起課來無法和學生互動，難免有點寂寞。

值得一提的是，在錄製課程期間，他有陣子感冒，但若當天取消進棚，愛爾達仍要收些許費用，所以仍抱病進棚，電視台因此半開玩笑，「要我下次來不要感冒」。很多學生看到第六、第七章某些片段，就發現老師咳得很厲害。

有一位大陸學生 3 年後才修課，不曉得這是 3 年前錄製的影片，特地寫信問候許東亞，要老師多保重，讓他倍感溫馨。

課程影片剛上架時，常有修課學生寫信提問，有的在職人士還會根據業界實務經驗，指正某些小地方的錯誤，但無大礙。許東亞說，業界人士往往缺乏在職進修管道，也沒空回學校念書，但透過 DeltaMOOCx 的平臺，隨時隨地可上網學習，尤其從事自動控制相關行業，這是很好的在職進修管道，提問還有人幫你解答。

他認為，像自動化這類課程，其實可以穿插一、二十分鐘的影片，邀請有經驗的業界人士，說明該門課在業界的應用，讓學生更了解業界的問題及所需技能。

他說，磨課師對老師而言，是個新興課題，很多人還無法適應，台灣的發展和國外仍有幾年落差。但數位課程未來一定跑不掉，老師最後仍要接受，有些重要的課仍要繼續推。他正在上的另一門課「精密機械控制」，若想發展工具機，這是必備知識，將來如果有機會，他願為 DeltaMOOCx 重新整理教材，開一門約 10 小時的課。

他稱讚台達推動工業自動化課程，很有遠見，因為未來台灣少子化，生產力要提高，一定要自動化，他因此告訴學生，台達一系列的課程，一定要去學。

　　大學為推動國際化，吸引外籍生就讀，近年來紛紛開設全英語教學課程，但不見得每個人都能完全聽懂，程度比較差的學生，可能跟不上。

　　包括臺北科技大學自動化科技研究所特聘教授陳金聖、元智大學徐業良、清華大學黃衍介、中正大學余國瑞等 DeltaMOOCx 授課教師，學校課程全英語教學，但網路磨課師改用中文授課，陳金聖說，這成為絕佳的

臺北科大特聘教授陳金聖和同校其他四名教授講授「數位影像處理」，常舉實例講解。

補充教材，學生透過上網預習、複習，更能有效學習。

陳金聖表示，DeltaMOOCx 籌備時，他是臺北科大自動化所所長，受邀擔任課程規劃委員，站在宏觀角度，看哪位教師適合教什麼課程，廣納進來；他也多次和台達運動控制事業部總經理蔡清雄博士溝通協調，蔡總很積極參與，提供許多業界寶貴的意見。

陳金聖說，台達磨課師鎖定自動化領域，對當前台灣產業很重要，尤其中美貿易戰開打後，許多台商想鮭魚返鄉，回台設廠，但抱怨從基層員工到中間幹部都找不到人，產業缺工就更要推自動化。

除了規劃課程，他也和其他教授共同開了兩門課，其中「數位影像處理」，他特地跨院系，找同校實力強、較年輕的教授陳永耀（已轉任臺科大）、吳昭正、黃正民、許志明一起開課。

此外，他和幾位臺大教授寫了一本自動化光學檢測方面的書，雲科大電機系特聘教授吳先晃因此找他合開「二維自動化光學檢測及應用」。

陳金聖說，他開的兩門課，都會鼓勵修實體課的學生看，例如他在臺北科大國際感測學院，和幾位教師為大學部學生共同開設「應用感測器概論」，他負責上影像感測器的部分，就會請學生看「二維自動化光學檢測及應用」的影片。

至於「數位影像處理」，陳金聖多年來在臺北科大開課，被指定全英語教學，班上也有不少外籍生，但上課面臨兩難，雖然可追求國際化，但有些本地生卻又聽不懂，認為忽視他們的受教權。中文講授的台達磨課師課程，剛好可當成補充教材，學生可拿來預習、複習，就比較沒有學習門檻；但外籍生看不懂線上課程，未來可考慮加上英文字幕。

◆ 產學計畫推銷台達磨課師，工程師修課提問挑戰

此外，陳金聖也會在參與的產學計畫中，向業界推廣 DeltaMOOCx 的自動化課程。例如臺北科大和經濟部工業局有個合作計畫，輔導新北產業園區智慧製造，他就向一些工程師介紹，台達磨課師有些課教到影像處理、工業 4.0、PLC 等實用課程，可以上網看，通過檢測還可拿證書。

他說，有些認真修課的工程師很悍，還提問挑戰，認為從業界觀點來看，有些地方講得不是很精準，如此教學相長非常好，如果可以，未來還可滾動修正。

首次在攝影棚錄製網路課程，陳金聖說，起初非常不適應，因為不習慣背稿，就很常吃螺絲。第一次錄 10 分鐘的影片，光前半段就花了 1 小時，練習幾次以後，速度就快一點。

相較於課堂教學，陳金聖說，錄製台達磨課師的課，比較嚴謹，像主播講話，未來還可活潑一點，甚至可設計腳本，採兩人對談（按：DeltaMOOCx 高中的部分課程已採取 2 到 4 人對談的方式）。

此外，為了讓學生更容易了解課程內容，他也設計更多生動的動畫及影片，例如讓學生知道如何掃描二維條碼；教到光學相機時，則示範怎麼安裝實體元件、系統等設備。

陳金聖說，他在學校課堂上「數位影像處理」時，中間休息時有時會請學生提供有趣的影片，播放給大家看當調劑，大家都看得很開心，興致特別高，下一堂上課也比較有精神。不過，礙於版權限制，許多有趣的影片，無法在公開的網路課程直接引用，教師因此要花更多心思設計課程。

此外，陳金聖在學校教這門課，會有程式設計的實作課程，學生會學得較扎實，且業界也需要這方面的能力，但網路課程就比較無法讓學生實

際練習寫程式。未來台達磨課師課程可採「虛實整合」，例如配合期中、期末考，請校外學生到校實作，階段性驗收學習成果。

他也建議，可學叫好叫座的「TED Talks」，請幾個大師級人物，針對自動化的幾個主要議題，錄製一些十幾二十分鐘的短演講，當成導論，更加生動，也可吸引更多人修課。

◈ 台達磨課師開課列研究績效，有助教授升等加分

他表示，台達磨課師做得很好，但不代表其他單位沒在做，只是成效沒那麼好。一大原因是錄磨課師花很多時間、成本，但大學教授要同時教學、研究及服務，尤其年輕的老師面臨升等壓力，若錄製磨課師無法當成升等加分的條件，或加分占比太輕，老師自然不願投入太多。

他推崇台達電子文教基金會董事長鄭崇華先生真是佛心，當初為台達磨課師編列很多預算，因為有管理費進到校務基金，臺北科大就把 DeltaMOOCx 當成產學計畫，屬於研究績效，雖然錄製課程很辛苦，但因升等採計研究績效，誘因就更大。

相較之下，教育部補助的磨課師，因金額比較少，通常不當成產學績效，且因市場導向，錄製的多半是基礎、通識課程，例如工學院必修的微積分、工程數學等，修課學生比較多。若錄的是較冷門的專業科目，修課人數太少，面對立法院審預算時，恐無法交代，因此有所取捨。推動自動化這類專業的學程，需要一個綜整的單位來規劃，短期內由學校或教育部來做，不太可能成形。

台達磨課師已推動 5、6 年了，陳金聖認為，除應滾動修正，也要加入新的東西，例如自動化和 AI 有密切關係，可在機器人的課程，最後加

個 15 分鐘的影片，介紹 AI 的應用，多點新意，幾年以後再來看，也不會過時。

　　陳金聖說，他自己平時也會上網看 DeltaMOOCx 其他老師錄的影片，他建議未來平臺可定期給老師修課的統計資料，分析、診斷老師的教學品質，了解學習成效，也可當成未來教學改進的參考。

十、昔日臺大話劇社社長，徐業良錄磨課師超會演

　　DeltaMOOCx 由臺科、北科、雲科等三所頂尖科大組成聯盟共同推動，但開課教授不侷限三校，也網羅臺大、清大、中正、元智、中原等公私立大學及高雄、虎尾、勤益、華夏等 4 所科大教授共襄盛舉。

　　其中主講「機械設計」的元智大學機械系教授徐業良，和主講「電磁學」的清大電機系教授黃衍介，都擁有美國史丹佛大學的博士學位，該兩門課也都各自教了二十幾年，經驗豐富；他們也都見證史丹佛早期透過電視同步轉播課程給矽谷工程師觀看的遠距教學，如今為 DeltaMOOCx 開課，堪稱一時之選。

元智大學教授徐業良在 DeltaMOOCx 開了兩門「機械設計」的系列課程，圖為他介紹實體課程學生期末競賽的實況。

其中當過臺大話劇社社長的徐業良，講課不疾不徐，台風穩健，條理分明，很受好評，有陸生獲益良多，還寫信請專案辦公室代購徐業良的教科書。

　　徐業良回憶，他在史丹佛時當助教，當時雖還未發展磨課師等線上課程，但學校課程可同步電視轉播給矽谷的工程師觀看，助教英文一定要很好，因為上課到一半，常有人打電話來問問題，若不曉得對方講什麼就糟了。這也代表史丹佛的課程對業界的人很有用，因此願意花比一般學生還多的錢看電視教學。

　　不過，徐業良坦言，DeltaMOOCx 計畫主持人彭宗平教授原本找他開「機械設計」相關的兩門課時，「我根本不想答應！」他以往對磨課師課程的感受其實很不好，因為影片通常是一個大投影片，旁邊老師小小的頭在講課，「誰要聽啊？」

　　他回憶，1997-1998 年他擔任元智大學資訊長，開始推動遠距教學，但親身經歷的遠距教學效果真的很不好，因為沒有真實互動，所以起初他找各種理由推辭 DeltaMOOCx。但彭宗平不輕言放棄，他最後只好答應，但希望把授課時數由一般的 18 小時減為 12 小時。

　　「沒想到教完這 12 小時，我自動請纓再開另外 12 小時的課。」徐業良說，因為台達電子文教基金會的投資，和一般磨課師很不一樣，品質好很多。一般課程就是自己在電腦前錄一錄，影像品質很差，課程內容也不會為磨課師特別設計，通常就是課堂怎麼教，就重教一次。

　　相較之下，錄製 DeltaMOOCx 的課，對品質要求很多，投影片不符規格就不能用，「我等於整套投影片重做」。對他有兩個好處，一是雖然他已用全英語教了機械設計這門課二十幾年，但為了迎合電視呈現的效果及中文教學，他藉機把教材整個重新整理過，在 DeltaMOOCx 可以完整

傳達。

第二個好處是，他很喜歡寫書，機械設計的相關教科書已寫了好幾本，在 DeltaMOOCx 開課，也為他的教學生涯，留下影像紀錄。畢竟台達願意投資那麼大的資本，課程品質相較好很多，「若是其他磨課師課程的邀約，通常要我自己錄影，根本不想做」。

徐業良說，他當初雖然就讀臺大機械工程系，但其實不喜歡工程，後來留學史丹佛，很幸運能選讀機械系設計組，對他們的設計課程很有興趣，還當助教，去旁聽很多課，當時他就覺得返台後要教一門設計課。

持續開課二十多年，寧願放棄整年休假

他從 1992 年到元智大學任教至今，每年都教機械設計，雖然教授每 7 年可休假一年，但他都放棄，因為一旦休一整年，他擔心這門課沒人教。基於對這門課的特殊情感，對元智機械系學生有種使命，因此他寧可放棄休年假，近 30 年來從未間斷開課，「太太因此常罵我！」

徐業良說，他起初前兩年用原文書教，但硬梆梆教不下，「設計課原本應該很有趣的」。後來他就設計自己的課程，寫教科書，把創意、實作融入課程。

他在 2016 年與朋友合資創設「世大智科公司」，研發老人福祉、物聯網、支持照護系統等相關科技，他擔任無給職董事長，把自己的股份部分捐給學校。也因為開了公司，就更重視研發的東西能不能用，能不能賣，教學更加不一樣，更重視實務及業界需求。

他為台達磨課師講授的機械設計，分成「結構與電腦輔助設計」及「機構與機電整合」兩門課，在 107 學年上學期開始上線。他在第一門課的課

程介紹時就指出，機械設計「側重廣度而不強調深度，重視應用而不強調理論。」課程中間會不斷穿插設計的計畫及實作的功課，讓學生知道如何應用，而不只學習理論。

他秀出一個工具箱的圖片，告訴學生，他要幫大家建立這門課的工具箱，裡面除了各種領域的專業知識，還要發揮創意思考，同時學會實務應用，以籃球架結構設計為實例。

DeltaMOOCx 的課程上架後，他規定元智修這門課的學生，課前要先上網看影片，在網路上點名；且看過後要在討論區提出問題，這樣就可以加分，教學方式也因此變得不一樣，他在課堂上可花更多時間討論學生提出來的問題，增加互動，「有點像翻轉教學」。

◈ 學生問卷調查：多數覺得課前上網預習很不錯

學生的反應也很好，徐業良在期末考時，會請學生做問卷，雖然多數仍覺得比較喜歡上實體課程，但三分之二覺得上課前先上網預習也很不錯。有個學生說，看一般網路課程，可能一輩子都不會遇到授課教授，「但上 DeltaMOOCx 這門課的老師，我知道每個禮拜四都見得到。」

實體課程搭配網路課程，讓 DeltaMOOCx 有別一般磨課師，師生有更多互動。徐業良更希望業界人士工作幾年後，再透過磨課師進修，但一定得課程內容夠好，值得產業界的人來修；也要產業界的人有上進心、學習心，百忙之中還願抽空上課。

他常舉女兒的例子，她研究所念音樂，要學習混音的技術，因為英文很好，就常到國外網站找到很有趣、又實用的教學影片，可能比坐在教室聽老師演講還有用多了。她因此不喜歡某些老師的課，因為老師上課太無

聊，上網 Google 到的教學影片都比老師講的更新、更有趣。

「我剛到元智教書時，廢話很多，曾想過我教書的方法和孔子沒兩樣，差別只在於我在教室寫黑板，孔子在樹下教。」徐業良說，如今他教書的方法和孔子不一樣，他擁有網路、磨課師等更多教學工具。也因常看女兒上網學習，更讓他深思，老師到底為什麼要在課堂上教書？如何把課堂經營得更好？DeltaMOOCx 剛好提供他一個很棒的工具。

徐業良說，他在課堂上課或演講時，常講得雜亂無章，會離題，但錄網路課程時就嚴謹多了，為了怕太常 NG，錄影前他都已反覆看了好幾遍投影片，也因此很確定他網路教學，會比課堂上講得更完整、清楚。

也因為有磨課師，他得以解放教學現場，可花更多時間經營工作坊，發材料給學生實作，討論問題。「DeltaMOOCx 讓我徹底改變之前對遠距教學的看法。」

不過，他一開始錄影時，因現場沒有學生互動，只能對著攝影機講話，起初還是很不順，對投影片的操作也不熟悉，但經過愛爾達電視台製作人石曉茜的「調教」後，他慢慢適應，學著把攝影機當成真人，講課的能量和情感才能釋放出來。

「我現在很會報氣象！」徐業良笑說，如今在攝影棚裡，他指著一個空白的地方，也可講得頭頭是道。

值得一提的是，徐業良讀臺大機械系時，其實不太喜歡機械，是話劇社社長，有很多舞台劇的經驗。他說，就一個老師來講，舞台劇的影響實在太棒了，因為老師就像舞台劇演員，不像電影演員可一再 NG、彩排，且會和台下觀眾互動，演 10 次，每次都不完全一樣。後來他在錄製課程時，就真的把自己當成演員，對著鏡頭表演，很快就上手，製作人石曉茜也對他讚譽有加。

展望未來，徐業良建議，DeltaMOOCx 應邁向國際化，或許可以設立某一系列的「大師課程」，鎖定國內外相關產業界知名成功人士，針對機器人、物聯網、人工智慧等最新潮流或知識，做半小時或一小時的演講，可吸引更多業界人士來觀看；這就好比在目前結構性的課程上，再加上幾頂帽子，可擴大影響力。

十一、黃衍介用神奇魔法球，揭開電磁學奧秘

　　「在我面前有一顆魔法球，我現在把它打開，通了電，還滿漂亮的，裡頭有一絲一絲的光。」

　　為 DeltaMOOCx 開設「電磁學」的清華大學電機系教授黃衍介，在第一節課有個很魔法的開場，他把神奇的電漿球帶到攝影棚，只見通電之後，透明玻璃球內，閃著一絲絲的光。

　　他接著用雙手碰觸電漿球的表面，一絲絲的光，就變得像閃電一樣，「其實和手指的位置有關」。黃衍介藉此說明這個閃電現象：帶電粒子在高電壓下得到加速，衝撞電漿球裡面的空氣分子，造成空氣分子的解離，

清大教授黃衍介在「電磁學（一）」的課程簡介，用雙手碰觸電漿球，介紹電的現象。

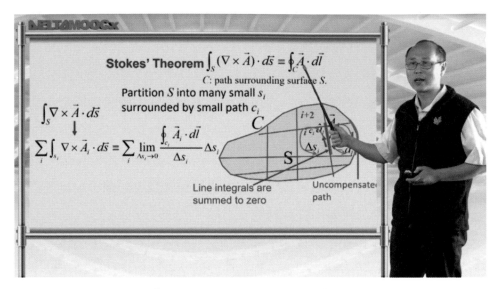

清大教授黃衍介主講的「電磁學」，用到很多數學、物理原理。

因此放射出可見光的輻射，他手指在玻璃球上形成一個迴路，將電荷導出。

　　黃衍介這時又拿出一顆 LED 燈，雖然沒插電，但越靠近電漿球就越發亮，遠離就變暗，證明電磁場能讓能量往外釋放，也就是電磁場的能量是可以在空間傳播的。

　　透過別開生面的實例，黃衍介告訴學生，電磁學的現象，在生活裡相當多，但需要用數學、物理的概念來理解、應用，包括手機和電器裡面很多的電子元件，都用到電磁學的概念，例如手機用電磁波，讓相隔兩地的人們可以通話。他這門課就先介紹電是什麼，磁是什麼，再講到電磁波及其應用。

　　黃衍介用全英語教了 20 年的電磁學，他說，早期清大教學發展中心

曾幫他錄製 OCW 課程，但只是單純把上課過程錄下來，放在學校平臺上，不用費力費時製作投影片，也沒請助教，講義都寫在黑板上，有問題可以寫信問他。

DeltaMOOCx 設立後，計畫主持人彭宗平教授請他幫忙錄製「電磁學（一）」，他很樂意，因為覺得很有意義，沒想到實際做了以後，才發現製作投影片「足艱苦」，但他義無反顧又錄製了「電磁學（二）」。他原本要出國短期進修，但為了趕錄 DeltaMOOCx 的課程，還因此延後半年。這個工作，對於一位研究型大學的老師來講，並不輕鬆。

他表示，他在清大教電磁學，每年的投影片都會更新，不夠的還可寫黑板補充；但錄製台達磨課師課程，要根據排好的時程，有系統地製作投影片，得花很多時間準備，錄 1 小時課程，往往要準備 1-2 週投影片才大致定稿。且一旦上線後，要修改、重錄既費工夫，也花成本，錄影的前一晚，有時候必須爆肝熬夜，一直改投影片，力求完善不出錯，但是站在錄影器材前面之後，感覺會變得很不一樣。

◆ 力求完美做到爆肝，做出生平最好的投影片

不過，黃衍介表示，電磁學的現象雖然生活中處處可見，但電磁學的物理模型及數學描述相當抽象，是一般電機系學生最頭痛的課，因為內容牽涉到空間分布、向量微積分、場等概念，要用到很多數學、物理原理。愛因斯坦狹義相對論的時空概念，就是從電磁理論中衍生出來的。他雖然上課內容已儘量簡化，但對一般人來講，還是太難，若不多用動畫呈現，「就像看到火星文一樣」。

他說，雖然網路上有很多動畫、圖表可以用，但礙於版權，不能用於

公開的網路課程。他為此買了手寫板，自己畫圖，但要轉成投影片，很不容易，「做到爆肝，還是不夠淺顯易懂，但已是我這輩子做過最好的投影片了！」他認為課程上線後，前 3 年還是要不斷修改，才會越來越好。

黃衍介錄製課程時，還面臨從英文轉為中文授課的問題。他說，二十幾年前返台到清大教書，就堅持英語教學為主、簡要中文說明為輔，因為他認為教西方的科學、技術，若不用他們的語言，會講得不夠精確；更何況上課本來就用英文教科書，學生將來工作，也勢必會用到英文，不能因為學生不喜歡全英語課程就不教，仍要把標準往上提升，讓他們有機會學習。

然而，基於 DeltaMOOCx 是以中文講課為主的教學平臺，他上的「電磁學（一）」，雖然投影片仍主要用英文，但 8、9 成用中文解說。不過，面對一些英文專業術語，有時仍無法翻譯清楚，雖然錄影前已不斷練習、修改，但真正進攝影棚錄影時，說起話來還是覺得卡卡的。後來，在「電磁學（二）」，改用英語講課，同時提供中文與英文字幕。

DeltaMOOCx 若要擴展市場，應發揮雙語教學優勢

他說，DeltaMOOCx 若要擴展市場，用雙語教學，市場會變得很大，也可建立台灣課程在華人世界的優勢，因為中國大陸有太多學生想出國，全中文課程對他們幫助不大；尤其大陸教師的平均英語能力不好，反觀台灣教授很多曾留學國外，雙語教學沒問題，若好好發揮這方面的優勢，磨課師的影響力仍有機會超過大陸，也能吸引星、馬、香港等其他華人地區學生上課。

黃衍介返台教書二十幾年，一直覺得國內教育體制無法訓練學生的思考與表達能力，因此上課會要求學生表達看法及報告，學生能在有限時間內清楚表達知識的意涵，才代表他們真的懂。他憂心，教授若過分仰賴磨課師課程，「可能讓情況變得更糟」，因為討論學習的機會變得極小。

　　他說，早在 1989 年他在史丹佛大學念研究所時，校方就已和矽谷合作推動「SITN」計畫，全面開放課程給矽谷的公司觀看，教授上課時同步轉播，有時課上到一半，教室會播出業界人士的提問，教授立即答覆。有雙向的問答及討論學習，才容易有深入的理解。

　　相較之下，磨課師是預錄的網路課程，校外學生和老師無法即時互動，只能透過討論區提問，磨課師仍要再演化，應搭配實體課程，訓練學生表達思考的能力，上課也應該加入討論學習，學生的學習才容易內化成有效的知識。

　　黃衍介已經開始利用台達磨課師的電磁學課程，嘗試在清大電機系推動翻轉教學。他每週設定課程進度，課前先發一張學習單給學生，要求學生先看 DeltaMOOCx 影片，然後再進入教室就學習單裡的問題進行一小時的分組討論；學生透過團隊合作完成學習單的填寫之後，再擇日進行兩個小時的英語授課。這個過程不僅能夠深化學生的知識學習，同時還能增進同學們的創意思考、表達能力、英語基礎及社交能力，但是從網路上線來修電磁學的學生就比較不容易受到類似完整的訓練。

十二、熬夜錄影片，課堂同步口譯，余國瑞助外籍生拿到證書

一般大學教授要教書、研究，有的還擔任系所或中心主任等行政職，平時忙得不可開交，要額外花時間錄製磨課師課程，很多人沒意願。

為 DeltaMOOCx 錄製「智慧型控制系統」的中正大學電機系教授余國瑞，教書二十多年，身兼該校精緻電能應用研究中心主任，考慮本身研究工作繁重，要執行科技部整合型研究計畫、中科機器人計畫及廠商之產學合作研究案，實無多餘時間開設磨課師課程，他一開始也想婉拒。

但因他寫過一本賣座的教科書，計畫主持人彭宗平教授認為該書內容豐富，適合作為課程教材，積極鼓勵他開課。加上他留學美國南加州大學

中正大學教授余國瑞開設的「智慧型控制系統」，實體課全英語教學，網路課程改採中文教學，投影片中英對照。

時，即撰寫結合自動控制與人工智慧的電機博士論文，回台後也一直從事相關研究，並於研究所開設課程，著眼於可將 23 年的教學與研究經驗，經由 DeltaMOOCx 分享給更多學生與業界工程師，促進工業 4.0 之產業升級，他覺得是件很有意義的事，因此同意在 108 學年上學期開了「智慧型控制系統」。

有別於很多教師全程在愛爾達電視台的攝影棚錄製，這門課用投影片推導公式或程式等部分內容，是借用愛爾達的器材，他獨自在研究室錄製。

余國瑞說，相較一般磨課師課程，DeltaMOOCx 專業領域目標明確，在大學端以自動化學程為核心，涵蓋工業自動化相關知識與技術，可縮短學用落差，強化學生的專業實力，厚植國際競爭力。尤其 DeltaMOOCx 連認證機制都是完全免費，有別於其他平臺要繳費才能領取證書，更值得鼓勵學生修讀。

讓他感佩的是，台達電子文教基金會挹注豐厚資金與營運人力，有不同專業團隊輔助課程錄影拍攝，負責線上技術開發與行政業務協助，錄製的影片品質優良，反觀教育部補助的磨課師計畫，資源比較少，教授往往意興闌珊。

◆ 網路課程納入新教材，鼓勵外籍生選修

他表示，這門課先以智慧型控制系統相關知識引導學生入門，接著介紹模糊邏輯控制系統、基於基因演算法之控制系統、類神經網路控制系統等 3 種熱門的智慧型控制系統原理，並比較異同。最後再介紹機器人、機器手臂、智慧車、冷氣機、洗衣機、直流馬達、磁浮系統等應用實例，並

透過電腦模擬程式講解，及範例影片操作說明，進行實務操作教學。

受限於學校教學時間及教科書內容頁數，他以往的教材未放入類神經網路控制系統與電腦程式撰寫範例，但在台達的線上課程就納入這兩大區塊，並提供執行電腦程式後之系統響應影片。

余國瑞說，他在研究所開的實體課程，長期以來有很多外籍生選修，每學期少說也有 10-20 人，因此採全英語上課。至於台達的網路課程，則用中文講課，但投影片用英文寫。他除鼓勵校內修實體課的學生註冊磨課師課程，給予加分，也要求每週上課前先預習線上影片，通過測驗取得證書者，再給予另外加分獎勵。

余國瑞班上的外籍生，也有很多人註冊選修網路課程。實體上課時，他等於會用英語口譯課程，線上考試也用英文寫，有兩個同寢室的外籍生都拿到證書。

由於 DeltaMOOCx 投影片有標準化規格，余國瑞很多原有授課的教材須大幅修訂，而錄製影片也希望達到最佳效果，常要反覆錄製，每單元大約需花費 3-4 天時間準備。

半夜窩在研究室錄影片，學生提升成績不負教授苦心

他說，他的影片除了摘要、片頭、片尾及課程介紹在愛爾達攝影棚錄製，其他都獨自在學校研究室錄製。因為不能有雜訊干擾，都在夜深人靜時分，從深夜 11 點錄到天亮。他本來自購麥克風，但音質不夠理想，製作單位後來寄了兩套錄音設備，協助改善錄音品質。

余國瑞表示，為台達錄製這門課，他和學生都獲益良多，他藉此重新檢視課程內容，並增加最新的研究與技術，使學生能夠獲得最新知識，提

高教學品質。

實體課程因時間限制，無法重複講述相同內容，若學生課堂上無法融會貫通，課後也可在線上複習。他說，同時修網路課程的學生，平均學習表現比較好，學期成績較高，凸顯磨課師課程對修實體課的同學，幫助很大。

此外，線上課程可自由安排上課時間，也方便業界人士進修，尤其還可透過討論區提問，增加師生互動。他舉例，有位可能來自業界的學員，就問及 LQR（線性二次調變器）、LQG（線性二次高斯濾波器）運用於飛機控制的問題，這屬於現代控制的領域，而非這門課的範疇。

線上課程可將多年來他在自動控制專業的教研經驗分享給更多學子，是件很有意義的事情。若時間允許，他會考慮也開設例如現代控制工程、數位控制系統、非線性控制系統等進階課程。

展望磨課師的未來，余國瑞指出，國內許多大學雖有線上課程，但往往只限於選修該課程的同學能觀看。目前國內缺乏像 DeltaMOOCx 一樣大型的整合平臺，將各教授的教學成果分享給有需要的學員。如能有效整合所有教學資源，相信磨課師課程的學習風氣，會在台灣盛行。

此外，製作磨課師課程須耗費大量資源與時間，教授不但要製作教材內容，還要錄製影片，甚至剪接，並協助字幕校正等後製作業，政府政策應給予影片製作之成本補助，且透過有效的宣傳管道，增加曝光度，這樣才能提升開設課程數及修課學生之數量。

十三、產學研二十多人齊力寫書，「智慧商務導論」立下典範

　　DeltaMOOCx 原先規劃的自動化學程，都和工程科學相關，其中「工業 4.0 導論」強調智慧製造與智慧工廠，而製造又與後端的銷售及服務密切結合，政府提出的「生產力 4.0」即涵括「商業服務業 4.0」。

　　DeltaMOOCx 因此納入「智慧商務導論」這門課，在 106 學年上線，並結合教育部的人才培育計畫，動員 7 所科大及研究機構、業界共 24 人，合寫教科書，由高雄科技大學蔡坤穆、歐宗殷、李臻勳及臺灣科技大學楊朝龍等 4 名教師講課。高科大還根據「智慧物流」、「智慧零售」、「智慧科技」、「智慧金融」等 4 個領域，各設立一個實作場域，堪稱結合產、學、研等跨領域師資，虛實整合的磨課師典範。

　　高科大管理學院院長蔡坤穆指出，工業 4.0 談的是用科技解決生產技術的問題；商業 4.0 則是用科技讓每人的生活更便利、更有效率。根據過去評比，台灣的資訊產品做得很好，但資訊的應用程度，早期比較低，現在已慢慢改善。智慧商務就是一種把資訊技術應用在產業及生活的知識，從智慧物流、零售、金融、科技到智慧校園等，和大家生活息息相關，對生活模式的改變更全面，從商業角度來看，就是一個機會。

　　「開這門課，是幫未來的台灣社會，準備未來的人才。」蔡坤穆說，透過課程要告訴學生，他們畢業後，面對的是個不斷改變的社會，要更早知道科技如何應用在工作。相信台灣很快就要走到這條路，因此預先培育一批人才，協助台灣推動智慧商務。

　　他舉例，受新冠肺炎影響，網購及外送美食平臺業績爆增，平臺運作就和智慧商務息息相關。再例如大陸光在 2019 年「雙 11 節」，就賣出

DeltaMOOCx 的《智慧商務導論》，結合教育部的人才培育計畫，動員 7 所科大及研究機構、業界共 24 人，合寫教科書。

13 億筆訂單，每筆訂單平均售價 200 塊人民幣，第一億筆訂單 3 天內就出貨。能這麼快大量出貨，靠的是倉儲機器人 Kiva Robots，訂單進來後，機器人可自動辨識，搬運移動式貨架到揀貨站，由揀貨員取貨，節省人工。

蔡坤穆說，教育部技職司在 2016 到 2017 年推動「智慧商務跨領域人才培育計畫」，第一期撥了四百多萬元預算，希望高科大當橋梁，先盤點、邀請各大學智慧商務領域的師資，總共找了 7、8 所大學的十幾位老師；第二期則撥了四千多萬元預算建置示範場域。

當時高科大管理及財金系所的師資規模，在各科大裡最大，共 2 院 7 系，商業類因此請高科大規劃，包括「智慧物流」、「智慧零售」、「智慧科技」、「智慧金融」等 4 個領域。智慧金融由財金學院負責，管理學院負責其他 3 個，有相對應系所，共開設 4 個相對應的實作場域，每一領域各開一個跨院系的學分學程，必修課是「智慧商務導論」及該領域的實作場域，每個場域添購 600 萬到 800 多萬元設備。

⬡ 蔡坤穆：配合課程，高科大購買全台第一台 Kiva 機器人

蔡坤穆表示，在規劃 4 個場域前，國內教學在這方面幾乎一片空白，智慧零售希望做到無人商店，特別到大陸看無人商店展；新的智慧物流也是想了很久，後來決定開創首例，引進台灣第一套 Kiva 機器人；鴻海集團的群創光電、物流共和國等業者也陸續導入 Kiva 機器人系統。

DeltaMOOCx 的「智慧商務導論」，和高科大 4 個學程，在 106 學年同步開設。蔡坤穆說，臺科大工業管理系副教授楊朝龍是人才培育計畫的主要成員，當時告訴他，台達有磨課師課程的平臺，可納入這門課，他欣然接受。

配合「智慧商務導論」開課，高科大引進 Kiva 倉儲機器人，圖為高科大管理學院院長蔡坤穆講解 Kiva 的運作。

　　楊朝龍表示，「智慧商務導論」的線上課程，原本要找約 10 名教師合作錄製，因部分教師不願露臉，但願提供教材，最後由他及蔡坤穆、歐宗殷、李臻勳等 4 人擔綱主講，他負責開場的課程介紹、大數據、供應鏈和最後的結論，其中供應鏈的教材，就由其他教授提供。

　　配合課程，高科大也邀請了高科、臺科、雲科、南台、北商、朝陽、正修等 7 所夥伴學校及中華經濟研究院、物流公司等研究機構、產業界人士共 24 人合寫，在 2020 年出版《智慧商務導論》教科書。內容包括導論、智慧物流、智慧零售、智慧金融等 4 個部分，讓修線上課程的學生也可參考實體教科書，增進對課程的瞭解；高科大資管系則寫了另一本教科書《智

慧科技導論》。

　　蔡坤穆表示，《智慧商務導論》這本教科書不只是國內首見，據他所知，國外也沒有。他參加過幾個國際研討會，連美國加州大學的教授都希望和台灣合作，把這本書翻譯成英文版；印尼 UGM 大學也有教授希望把這本書英文化或翻譯成印尼文；大陸的業者及學界也有興趣，希望改寫，用較多大陸的案例，但因兩岸關係的緣故，目前暫緩。

◈ 為台達開課，已故李臻勳教授留下認真教學身影

　　令人遺憾的是，參與寫書及錄製課程的高科大金融系副教授李臻勳，於 2018 年病逝。楊朝龍說，主講智慧金融的李臻勳生前在 DeltaMOOCx 平臺首度錄製磨課師課程，把上課的精華傳承下來，留下教育工作者認真教學的身影。李臻勳的研究生郭東洋在老師過世後，也很樂意繼續當助教，維護老師的課程。

　　「智慧商務導論」這門課，體現了「虛實整合」的精神，蔡坤穆說，他鼓勵高科大修相關學程的學生，同時上網註冊修 DeltaMOOCx 的課，並可參考教授群合寫的教科書，增進對課程了解，更能有效學習。教科書裡面的題庫，也會在網路公布，考試就從裡面出。

　　蔡坤穆說，其他夥伴學校也能由台達磨課師課程所錄製的「智慧商務導論」這門課獲得很好的教學支援，因此有的學校是整班學生都上網註冊修課。

　　對於超商從業人員，這門課也很不錯，因為他們同時要接觸物流、零售，且因課程做得很先進，可能 20 年後才會完全實施，修課可先有個概念，有助將來發展；此外，課程沒有艱深的數學，也不用寫程式，只要高

像過去銀行的傳統上的業務有分成這五大項

高科大副教授李臻勳，在「智慧商務導論」主講智慧金融，不幸於 2018 年過世。他在 DeltaMOOCx 錄製的教學影片中，留下認真教學的身影。

中畢業，不限科系，工作過幾年就看得懂。

　　楊朝龍則表示，他在臺科大工管系開設的大三必修課「電子化企業」，和「智慧商務導論」有許多交集，每次開學時，他都會鼓勵學生上網修免費的台達磨課師課程，拿到完課證明可加分；尤其網路課程教到智慧金融，但實體課程沒教，更值得參考。

◆ 楊朝龍：課前預習磨課師教材，個案研究翻轉教學

　　曾到哈佛大學進修「個案研究」（case study）教法的楊朝龍說，他上課以個案研究為主，會要求學生先在家看個案腳本等教材及影片，上課專注於討論。台達磨課師的相關課程內容，剛好可讓學生在家先預習，上

臺科大副教授楊朝龍為 DeltaMOOCx 錄製「智慧商務導論」，介紹大數據分析等業界最新趨勢。

課就不贅述，他會拋出議題帶動討論，也是種翻轉教學。

　　他表示，對他而言，磨課師是很好的教學工具。比如，他可以在上課前要求學生先看過個案的文本，並搭配 DeltaMOOCx 的教學影片，再進行課程討論。學生若沒看，上課無法參與討論，無法回答問題，壓力很大。這種個案研究的課程，學生評價都很高，覺得上課不無聊，很緊張，不會打瞌睡。

　　為 DeltaMOOCx 錄課程，也讓楊朝龍學到很多。舉凡投影片的字數、字體大小、顏色到圖文資料的呈現、版權問題，都有專業製作人從旁指導，面面俱到；到攝影棚錄影時，也都以電視的專業標準來要求。例如他在學校上課，喜歡走來走去，和學生互動，但到了攝影棚，不能亂動，會在地上畫一個腳印，要你固定站在上面，眼神對準攝影機。對於個性活潑的他

來講，起初不太適應，有點僵硬，後來漸入佳境。

楊朝龍說，DeltaMOOCx 提供的豐富資源、錄製水準及教材編審，都為國內磨課師立下典範，也帶動學校發展磨課師。例如臺科大鼓勵教授錄製課程，除了給額外經費，在甄選優良教師獎時，曾錄過磨課師也列為加分項目；臺科大後來也新設了一個攝影棚，找專業的老師協助經營磨課師課程。

「每次教學，都是一種學習，教完了，就會知道自己少講了什麼東西，或又發現什麼新東西。」蔡坤穆說，尤其錄製磨課師課程前，因為會留下永久紀錄，必須更謹慎看教材及表達方式，會比一般上課準備得更透徹、更小心。

他表示，老師自己錄磨課師，要花很多時間、精力，但大學、教育部給教授的資助太少了，沒有計畫性地做這件事。透過與台達磨課師團隊合作，因 DeltaMOOCx 挹注相當多資源，以一個團隊製作磨課師課程，減少老師負擔，讓他們專注在自己的專業，不要做他們不擅長、非專業的事，以免做也做不好，浪費時間。

「鄭董在前面為台灣社會做事，後面自然會有一群人跟隨相助。」蔡坤穆很感謝台達電子文教基金會董事長鄭崇華挺身而出，為台灣社會做公益，投入這麼多資源開設免費的磨課師課程。

下班後另類追劇，
DeltaMOOCx 有助職涯加分

◈ 為家族企業轉型把脈，塑膠公司副總連修 21 門課

　　走進至陽塑膠公司的產品展示室，舉目望去，從最常見的運動用水瓶、清潔劑容器、汽油桶，到嬰兒搖搖馬、學步車、棒球場座椅、汽車風管等，各種塑膠用品五花八門，琳瑯滿目。

至陽塑膠公司副總經理劉哲佑好學不倦，短短 3 年間，就拿到 21 門 DeltaMOOCx 課程的完課證書，居所有修課學員之冠。

1972 年創立的至陽塑膠，從早期登記資本額只有 3 萬元的小公司，如今資本額已達 1.6 億元。總公司座落於台中精密機械園區，規模雖不如附近的上銀科技、大立光，但員工 85 人，年營業額 2 億多元，已比早期擴展很多。

　　至陽副總經理劉哲佑，是家族企業第二代，中興大學電機系、所畢業後，就到至陽上班。他拿起一張塑膠座椅，驕傲地說，「這是大阪巨蛋球場的椅子，總共有 4 萬多張，都是我們生產的。」

　　他另秀出兩個長方形、側邊有背帶的塑膠容器，說這是至陽塑膠幫知名鞋廠製造的限量復刻版鞋箱。他強調公司產品有 7 成外銷，客戶不乏知名企業或場館。

　　44 歲的劉哲佑，近年來苦思如何為公司導入自動化設備，節省人工成本。他從 105 學年起，上網選修 DeltaMOOCx 的自動化學程，短短 3 年間，就已拿到 21 門課的證書，居所有修課學員之冠。

　　他說，至陽塑膠的生產技術，在業界比較特別，採「中空押出吹氣」方式成型。將熱塑性塑膠，像吹出玻璃瓶一樣，利用空氣將加熱軟化後的塑膠管吹開成產品，有別於傳統把原料擠滿模具的「射出成型」。

　　不過，至陽的製程目前還沒完全自動化。他以汽車冷氣使用的導風管為例，先吹出密閉的塑膠風管，再用人工切開兩端及鑽出螺絲孔，若切、鑽等後段製程也要交給全自動工具機來做，要像大量製造的電子業，一次做幾萬個才划算。像至陽這種少量、多樣化的生產型態，全自動化不敷成本，廠房空間也不夠。

　　劉哲佑因此希望能做到半自動化，也就是人工上下料，把東西放定位，再由機器來裁切、鑽孔。以往這部分設備委外處理，但他應用台達磨課師學到的自動化專業知識後，現在已經可以自己做了。

他表示，大學、碩士班念電機，但學的比較偏向資訊網路設備，自動化相關專業課程，只學過自動控制，但偏向計算，實務上不懂如何應用。至於公司要開發半自動化製程所需的 PLC（可程式邏輯控制器），則完全沒學過。

無法上實作課，他買台達產品在家組實驗室

劉哲佑因此先上網搜尋 PLC 相關課程，發現只有 DeltaMOOCx 的課教得最完整，其他課程都只教到部分內容。他第一門選修的是臺北科技大學副教授曾百由主講的「工業自動化控制元件設計與應用」，教到 PLC 的基本語法、人機界面、伺服馬達控制，都是他很需要用到的知識，而且講得很清楚。

曾百由這門課，前面先入門介紹自動化可做哪些事，劉哲佑聽完，心想「這剛好就是我平常會用到的功能」。他把這門課完整上完，也第一次接觸到台達生產的 PLC。

但因曾百由要求校外學員要到北科大上完實作課，通過檢測，才能拿到證書，在台中的劉哲佑因時間無法配合，只好放棄證書。他退而求其次，自己花了幾萬元，買了曾百由出的書及 PLC、人機、伺服馬達等一套基本設備，在公司弄了一個簡單的實驗室，跟著曾百由教的一步一步去操作。

劉哲佑說，一路讀高工、科大的技職體系學生，若是念相關科系，應該都會上過 PLC 這類自動化課程。但就讀一般大學電機系，很多課程沒有開授，想學也沒老師教，且缺乏實作課，頂多只是照習題接電路，除非跟著教授做專題，否則所學很難和業界實際應用面接軌。

他說，DeltaMOOCx 的優點，就是內容不像厚厚的一本教科書那麼

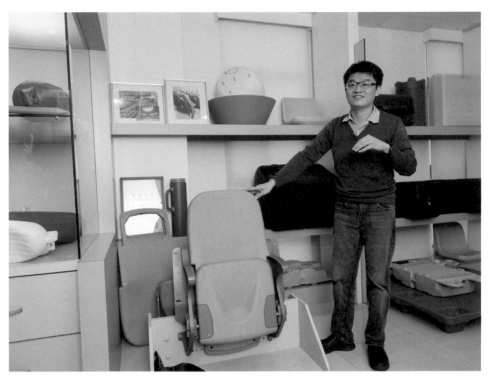

大阪巨蛋的座椅都是至陽塑膠公司的產品，讓副總劉哲佑很引以為傲。

多，著重入門介紹，但可以講得很清楚，且會介紹業界實際採用的設備或技術，讓原本不是很懂的人，很快就有完整概念，上完可再詳讀相關教科書。

此外，自動化是個跨領域的學門，例如要做機器人，需要電機控制、機械，甚至機器視覺等相關知識，DeltaMOOCx 從基礎到進階課程非常完整，即使科大自動化系所，可能也開不了這麼完整的課程。也因此劉哲佑才一口氣在 3 年內上網修了二十幾門課，每個他需要用到的知識，都去接觸，「在別的地方，根本找不到這麼完整的課程。」

◆ 修課有助考證照，已故教授蘇國嵐教懂自動控制

上 DeltaMOOCx 的課，也有助考相關證照。劉哲佑舉例，他大學雖修過自動控制，但學得不是很好，因此上網修了已故雲林科大教授蘇國嵐開的「自動控制」。修完後，他發現「台灣智慧自動化與機器人協會」有個自動化工程師證照考試，於是報名協會開辦的證照班課程，沒想到蘇國嵐也是授課老師，他總算見到教授的廬山真面目。

可惜的是，蘇教授 2019 年 12 月 13 日到台北參加會議後，回南部家中突然發病，送醫後不治。劉哲佑聽到教授過世的消息，非常驚訝，說蘇教授的課，講得很清楚，幫助他把大學沒學好的概念搞懂。

元智大學教授徐業良主講的「機械設計─結構與電腦輔助設計」、「機械設計─機構與機電整合」這兩門課，劉哲佑也都聽得津津有味，獲益良多，大讚講得很好。他不但修課，還在台中買了教授出的教科書，再仔細研讀。

劉哲佑也修了「工業 4.0 導論」及「智慧商務導論」兩門課。他說，前幾年不管看報章雜誌，或參加國外的展覽，每個人都在講工業 4.0、商業 4.0，如果你什麼都不懂，別說看門道，可能連看熱鬧，都看不出什麼東西。

他修過這兩門課，至少知道大家在講些什麼，懂得報紙、雜誌寫到的「雲計算」、「霧計算」等術語，也才能了解，自己的公司，將來有沒有機會切入智慧商務這個新領域。「我們一定要去學，雖然不是走在最前面，也沒有很大資金去投入，但一定要跟著去了解，等到哪天有能力，就可以很快導入。」他如此表示。

劉哲佑求學時，學校還沒有線上課程，「當時連 YouTube 都還沒有」，

DeltaMOOCx 是他首次接觸的線上課程。他根據自己的時間，每學期最多修 5 到 6 門課，每天花兩小時上線聽課。

◆ 爸爸修了太多課，孩子問：為何老師又換了

他說，每天一早起床，就邊做簡單的運動，邊看課程，例如踩跑步機時，就看著從電腦接到電視螢幕的影片。晚上花的時間比較多，兩個念小學的孩子，每次一聽到 DeltaMOOCx 的片頭曲，就知道爸爸在上課了，有時看到講課的老師不一樣，還會問：「為何老師又換了？」劉哲佑笑說。

好學的劉哲佑，希望 DeltaMOOCx 繼續多開課，他對應用的課尤其有興趣。例如可針對台達既有產品，推出整合應用的專題，就可當成一門課，上完就學會使用設備。

他表示，也曾上網搜尋國外的相關課程，但都是全英語教學，「本來就不是很懂，如果用英文教，就更一知半解，會跟不上，可能每看一段，就要停下來想一下。」當初會選擇台達的課程，也是因為都用中文教學。

DeltaMOOCx 的優點之一，在於隨時隨地可重複觀看，也可調整影片的速度。劉哲佑舉例，教到實作的課程，有時就要放慢，一看再看，因此很多課看兩次，第二次在某些已經懂的部分，就可快轉節省時間。DeltaMOOCx 的影片有字幕，也有助加強印象

此外，DeltaMOOCx 設有討論區，除可提問，也有即時更新課程的功能，劉哲佑會不時上去看一下。例如投影片有錯，同學往往很快就發現，助教看到提問，也會很快更新。他說，有的助教很認真，深夜仍在線上回答問題。他有些地方不清楚，也會上網請老師舉例，幫助了解。

DeltaMOOCx 的課程，除了有習題，也有期中、期末考，成績達到

標準，才能拿到證書。劉哲佑說，他把準備考試當成學習的動力，因為考試通過，才能確認自己真的學會，每次他都很認真考。有次到日本出差，一下飛機，就馬上入住飯店，急忙打開筆電上網考試。

劉哲佑說，像「電力電子導論」等許多課程的考試不簡單，不只考選擇題，還會考填充題，要計算。雲科大蕭宇宏主任開的「FPGA 系統設計實務」，還要實際畫圖，考試時很緊張，因為只限兩小時作答，時間過了就不能答。不過，他修課是為了充實專業知識，而非為了修學分，考試也就沒必要找槍手或作弊，都是自己來。

他表示，老師在學校教的東西，一定比網路課程詳細，教科書也一定比投影片完整。但透過 DeltaMOOCx 深入淺出、提綱挈領的入門影片，把以前沒學好，或沒學過的科目，先搞懂基本概念，他就可以回過頭去看老師推薦或以前大學用的教科書。DeltaMOOCx 對於有修同一門課的在校生，更是很好的輔助教材。

不過，劉哲佑建議，有些課程隨著技術日新月異，期盼每隔幾年就能更新，像教科書一樣出個「增訂版」，與時俱進。

◈ 新手爸爸陳建仲，工作之餘每天花 4 小時上課

根據問卷調查統計，DeltaMOOCx 自動化學程修課學員，有近 4 成是上班族等非在校生，像至陽塑膠副總劉哲佑這類因職場需要而修課的業界人士，比比皆是。

曾任職桃園市政府資訊科技局的陳建仲，是另一個好學不倦的例子。他曾在馬達公司上班，需要開發機器人，在 106 學年下學期選修 7 門 DeltaMOOCx 課程，即使小孩剛出生，初為人父的他還有點手忙腳亂，每

天仍抽空看 4 小時的教學影片，拿到 6 張證書。

81 年次的陳建仲畢業於華梵大學機電系控制組，本來就上過部分自動化相關課程。由於系上教學實作導向，他專題製作的題目和機械手臂相關，也曾考取丙級技術士證照。

陳建仲畢業後的第一份工作在馬達公司上班，在剛成立的研發部門擔任產品設計工程師，除需要根據客戶需求設計產品，公司也要自主研發產品。他曾參與臺大、臺師大委託的計畫，協助開發機器人。當時基於工作需求，加上自己熱愛學習，希望不斷突破，由公司主管推薦得知，卯起勁修了 7 門 DeltaMOOCx 的課，獲益良多。後來他轉任桃園市政府資訊科技局，也會使用到自動化相關專業知識。

他說，相較於實體課程，DeltaMOOCx 的線上課程較有彈性，可以掌握學習品質與時間，且每一章節都講得很詳細，已經懂的部分可快轉略過，跳到自己所需要的知識，對在職進修特別方便。平臺整體功能都很受用，印象深刻的應該是線上課後評量。他建議修課學生要善用數位工具記筆記，以便回顧複習。

陳建仲有兩名幼兒，分別 1 歲、3 歲。他修課時，老大剛出生，時間安排更緊湊，只能利用每天午休 1 小時，及小孩睡覺後的晚上 9 點到 12 點上網看影片；週日則是一整天都掛在 DeltaMOOCx 上，對一個新手爸爸而言，非常不容易。

他選修的幾門課當中，雲林科技大學副教授黃永廣主講的「微算機原理及應用（II）-LC-3」，讓他印象最深刻，教法和台灣的教授完全不一樣。有港式廣東國語口音的黃教授，上課幽默，不會照本宣科，會用很生動的比喻，介紹電腦最基本的微處理器，一目瞭然。且每個章節結束，還會來個「心靈雞湯」，介紹名人名言，激勵學生。

臺北科技大學副教授曾百由主講的「工業自動化控制元件設計與應用」，也很受用，提供校外生到臺北科大實驗室實體操作的機會，練習使用台達生產的 PLC 等設備。陳建仲當時抽空上了好幾次實作課，結識不少朋友。其中有一名同學超認真，自費買了一個二手的 PLC，每天練習，做出一個夾娃娃機，後來被賞識，跳槽到另一家大公司，外派到歐洲工作。

不過，比較遺憾的是，陳建仲大學時代習慣操作的是丙級證照考試使用的另一廠牌 PLC，對台達的 PLC 較不熟，也沒有太多時間練習，後來沒有通過這門課的實作檢測，未拿到證書。但他對於透過實作檢定，驗證能否應用理論，學習是否扎實，還是很肯定。

陳建仲認為，整體而言，DeltaMOOCx 的課程對於精進職場專業能力與轉入自動化相關領域，都頗有幫助，「感謝台達磨課師無私的經驗傳承」。他建議未來課程可以更多元，分為知識型、實用型、產業工作型等類別；長遠來看，也要考慮永續經營，研議是否比照其他平臺，酌收學費或小額募資，以增加財源。也可註冊修課時先繳保證金，完課可拿回，鼓勵學生善用資源。

◆ 開發機器，學習新知，他們連修 9 門課

42 歲的林裕盛，也是因為開發機器的工作需要，透過朋友臉書按讚分享的方式得知 DeltaMOOCx，在 106 學年下學期一口氣選修「工業電子學」、「電力電子導論」等 9 門課。他大部分集中在週末上網看影片，「感覺像在追劇」，修的課都滿有幫助，有學到具體東西。

林裕盛畢業於大學機械工程系所，修課主軸在機械設計相關的課程，所以自動化領域只修過指定必修的入門基礎課程而已。他目前在紡織機械

產業工作，擔任設備製造廠的工程師，主要工作包括機械設計（CAD）、分析模擬（CAE）、新機設計開發等跟機械設計相關的事務，會用到自動化專業知識。因為這是機器開發過程必然存在的一環，也是目前產業發展的主流知識。

林裕盛在 1997 至 2002 年求學期間，台灣的大環境包含硬體設備、軟體、網路速度等，都還無法建置像 DeltaMOOCx 這樣的線上學習系統，就業後這是他第一個認真接觸的線上學習平臺。學習初衷是因工作用得上，例如可以提升自動化方面的基礎知識，較方便跟做控制的同事協同開發機器。

之所以會一次選那麼多課，主要是出於好奇心，想看看每門課在上些什麼，學得下去的就繼續跟著學，跟不上的或錯過期中考的，則會選擇放掉，把時間集中到主要想學的課程上。由於平日要工作，晚上比較沒辦法安排固定時間上課，所以他大部分集中在週末學習，盡量拚在考試前看完。

在修過的課程當中，他印象較深的是雲科大蕭宇宏、洪崇文兩位老師主講的「數位電路設計」，會設計一些故事橋段與要上的課程相結合，親切感有加分，讓學生容易融入使用的情境，「不過課程內容依然還是很燒腦就是，呵呵～」

林裕盛說，和學校實體課程比起來，DeltaMOOCx 最大優點是上課時間的彈性超大，看不懂的地方還可重複看到搞懂為止。儘管上課時很容易不認真，但平臺的規劃還算容易上手，尤其可以跟助教互動，對於學習成效有很大的加分效果。

成大機械系所畢業的吳承穎，目前在系統整合商工作，主要進行能源管理系統開發與專案管理相關的職務。儘管目前尚未使用到自動化相

關知識，但基於興趣及複習以前所學，他也在 105-108 學年選修了 10 門 DeltaMOOCx 課程，未來可能會將部分知識與程式整合應用。

28 歲的吳承穎表示，就學期間修過「自動控制」、「工業電子學」等 3 門自動化相關課程，當時以修實體課程為主，沒修過線上課程。剛工作時他有不少空閒時間，從網路得知 DeltaMOOCx 的平臺開設自動化學程，雖然工作暫時用不到，他單純為了學習知識，複習就學時沒有熟悉的課程而修課。他大多在平日晚上或假日上課，儘量當週就將課程上完。

他說，選修這 10 門課程，一部分是因課程看起來很有趣，一部分是大學時有接觸過，但沒有很理解，想要再次複習，畢竟持續學習對於職涯相當重要。

例如他以前修過「工業電子學」，但上課只聽過一遍，且沒有做完整的筆記，其實有些地方聽不太懂，無法完全吸收。所以他選修臺北科大教授許東亞在 DeltaMOOCx 開的同一門課，講解得很清楚，覺得很有用。值得一提的是，許教授的線上考試也絲毫不放水，要求在紙上畫電路圖，拍照上傳，雖然比較硬，他還是有過關。

他印象最深刻的老師是雲科大電機系主任蕭宇宏，他講授的「數位電路設計」，投影片相當生動有趣，會用插圖、故事帶入情境，聽過一遍就知道在說什麼。

他說，線上課程最大好處是上課可不受時間與地點限制，但不容易進行實作相關課程。他之前也曾在 Coursera 的國際平臺修過管理、經濟等不同領域的課，但需要付費才能拿到修課證明，台達的平臺則完全免費。

他比較兩平臺的影片品質、師資，差異不大，但 Coursera 課程領域較豐富，不過著重在程式設計等基礎科目，DeltaMOOCx 則聚焦在自動化的專業科目，是其強項，希望未來也可以增加不限於工程領域的課程。

◆ 已故指導教授蘇國嵐推薦，雲科大博士 4 門課重複修 3 遍

DeltaMOOCx 的一大特色，在於所有課程雖然是一學期的課，但每學期都會上線，都會編列課程維護費，聘助教協助線上測驗及問答。有興趣的人可重複修讀，學得更加透徹。在國家中山科學研究院擔任技術師的邱彥睿，就曾連續 3 個學期都選修「自動控制」、「自動化系統設計與實務」、「可程式控制系統應用」、「感測器之原理與應用」等 4 門課，在所有修課學生中比較罕見。

36 歲的邱彥睿，碩、博士都就讀雲科大電機系，經常上網看自動化相關課程。他在中山科學研究院負責研發設備（構思、組裝、測試）、零件採購、設備維修等，也都經常用到自動化相關專業知識。

他表示，理工科系最重要的是基礎知識、實務能力，須長期一點一滴累積。這也是為何全球都很缺製造、研發的工程師，卻較不缺管理、行政職員。因為理工科系學生，不僅需要韌體、硬體研製，也要文書處理等諸多方面的能力，若不常複習，學習新知，終究會遺忘或退步。

所以為了不忘基礎，他經常不斷複習，學習電機職能課程。之所以重複選讀 DeltaMOOCx 的課程，是因不受時間限制，考試時間也比較彈性。他都是利用晚上或公餘時間上網精讀，每門課都很受用。

邱彥睿當初是透過雲科大指導教授蘇國嵐（2019 年 12 月過世），才知道有 DeltaMOOCx 這個學習管道，加上雲科大近年來也主推此學習平臺，因此選修 4 門蘇教授講授的課。

他說，DeltaMOOCx 剛開始在雲科大很少人知道，但蘇教授一直積極推廣，告知修課學分認列，且學期末成績加分，還可獲得 DeltaMOOCx

證書，一舉數得，鼓勵越來越多學生選修。

DeltaMOOCx 都由各校教授授課，具有公信力。但邱彥睿認為，教學過程較缺少幽默、風趣。他說，傳授教育與經驗，要讓學生淺顯易懂，印象深刻，過目難忘，不要打擊學生信心，這是目前台灣教育可以改進的地方。

◆ 寒門苦讀，好學不倦，台達方俊發半年連修 7 門課不喊累

DeltaMOOCx 的課程上架後，台達集團國內外的單位都發信告知員工這項訊息，很多人紛紛上網修課。他們有的是為了工作需要，有的則是單純充實專業知識。雖工作繁忙，有人一學期就修了 7 門課，週末幾乎都待在家裡看教學影片，好學不倦。從高工、二專、二技到臺北科大 EMBA，一路寒門苦讀的方俊發，就是最好的例子。

「人生五十個年頭，寒門苦讀是我一直在生活中的堅持。越是逆境，越是學習。」方俊發表示，從小家境不優渥，加上被英文拖累，高工及二專的整體成績不好，工作發展也受限。

畢業後，他不放棄學習，逐步補回大學及碩士學歷，2016 年畢業於臺北科大上海 EMBA 班。因學習過程曾接觸自動化、工業4.0的各項課程，在 107 學年上學期一口氣修了 DeltaMOOCx 的 7 門課。

方俊發說，他高工讀機械相關學科，對於液氣壓學，有非常優異的成績，在機構結構學也有很好的專業。專科學機械設計，機械傳動學有很好基礎，畢業論文專注於萃思理論於工業機器人，都與自動化有關。

專科畢業、退伍後，他進入汽車業，在裕隆汽車子公司友聯汽車座椅公司技品部，從事研發設計工程師，與日本派駐工程人員，學到設計、生

產、品質管理等各項技術，每項都與自動化息息相關。

後來他轉進云辰電子公司，接觸智能家庭管理的紅外線感應器之機構設計，有了光學相關知識。之後進入台達電子 9 年中，7 年在吳江二廠模具工程部擔任資深課長，1 年擔任 VQA（供應商品質保證）主任工程師，在量測精進上，一直尋找自動化檢測設備。

但隨著科技進步，他年輕時在校所學不足以應對，在管理學院學到的工業 4.0 學理，雖有概念，也不敷工作專業所需。他認為唯有不斷學習，才能有效應對真實的科技進步，因此選修 DeltaMOOCx 的課程。

他說，自動化是一個多工組合的領域，集合電子、電機、機械、計算機等學問，若只學習單一學科，都僅能進入工業 2.0 或 3.0。他發現 DeltaMOOCx 上有完整科目，排除以前所學專業後，選取了「自動控制」、「機器人學」、「數位影像處理」、「工業電子學」等課程，作為增強學習的領域。

方俊發表示，當時他在上班日每天大約花 2 小時學習，週末大約花 10 小時。線上教學的優點是可隨時間充裕與否，進行調整，不會的地方可重複學習。對於在職的自學者而言，磨課師是個很好的平臺，尤其像 DeltaMOOCx 網羅強而有力的教授群，具有吸引力。

他推崇許多課程及教授都很優秀，像教「工業電子學」的北科大教授許東亞，及教「數位影像處理」的北科大陳金聖等多位教授，都非常吸引他。他們深入淺出，有的甚至帶病教學，讓他非常尊敬。

不過，他比較抱歉的是，有的教授在課程中設計很好的實習課練習，但礙於環境及時間限制，他無法好好依過程實作，是自身不足。如能在實體課程中進行，相信更能由優秀的教授身上，獲取更寶貴知識。

此外，有少數教授的教學方式，對他而言較不易吸收，內容有時過於

專業，他比較跟不上。有些學科則需要一些較深的數學基礎，對於離開學校過久的在職人員，一時較難回憶起數學知識。而平臺的學科，較多設定於自動化與電源應用，也讓他遇到一些瓶頸，若能開設相關基礎課程，更能達到學習最大功效。

方俊發說，他跨過工商各學科不斷學習，雖不見得能馬上運用到專業知識，但不斷運用所學專業面對工作，是他多年工作不變的原則。在未來10年、20年生涯中，運用學理知識於工作中，是必然的。尤其他在年紀較長時，才喜獲子女，作為人父榜樣，更要堅持不斷學習及突破困境。不論是否對工作有幫助，持續學習，影響他的整體人生。

他很感謝台達集團創辦人鄭崇華捐助建立 DeltaMOOCx 這麼好的線上教學平臺，是輝煌事業。尤其新冠肺炎爆發後，國外各級學校紛紛停課，改採線上教學，他相信未來線上教學會更重要。且不只大學，對中小學的學習也都很重要。

比較遺憾的是，他雖很想持續在平臺學習，但礙於工作而暫停。只要平臺存在，他相信未來某一天，再上平臺學習是可預期的。

◆ 台達職場工作需要，他們修課充實專業知識

43 歲的洪詮舜，目前在台達擔任軟體工程師，中華大學資工系、元智大學資工所畢業的他，在校期間沒上過自動化相關課程。但因現在的部門需要用到人機界面等自動化的專業知識，要靠自己摸索，他因此透過公司內部郵件通知推薦，在 104 學年選修 DeltaMOOCx 的 4 門課程，提升職場專業能力。

當時只要時間允許，他每天花 2 小時上網上課。臺北科大曾百由副教

授的課讓他印象最深刻，實作解說很清楚，容易瞭解，還有習題可以練習，實際使用自動化設備時，比較容易上手。曾百由的課還提供臺北科大實驗室讓校外人士練習操作，他覺得非常好。因為只有實際操作設備，才能驗證所學，而非憑空想像。

洪詮舜說，DeltaMOOCx 的課後習題測驗，讓人印象深刻。平臺雖然無法讓師生即時互動，但有討論區可提問，他會特別關注同學問什麼問題及教授或助教怎麼回答，看看別人有哪些地方不懂，自己是否也一樣，從中學到東西。不過他認為討論區用文字回覆，不夠傳神、清楚，若能錄一段影音回覆，效果會更好。

此外，DeltaMOOCx 課程的投影片都做得很用心，很專業，但部分老師講課的語調，可以再生動、活潑、有趣一點，以免聽久了會打瞌睡。他建議可以做課程評分，提升教學成效。

新冠肺炎爆發後，遠距教學成為主流。洪詮舜認為，台灣未來更應加強推動 DeltaMOOCx 這類線上課程，對於沒時間到校進修專業知識的在職人士，線上課程更加重要。他建議想修課的人，選擇安靜的地點和時間，專心學習，才能達到最大功效。

43 歲的台達電子工程師李桂權，從臺科大電機系畢業後，已在台達任職 17 年。他原本在視訊部門上班，3 年前調到自動化部門，需要用到電磁閥、氣動閥、驅動馬達等自動化專業知識，以前沒學過，透過公司郵件得知台達開設磨課師平臺，因此在 105 到 107 學年選修「自動控制」、「自動化工程導論」、「電力電子導論」等 6 門課。多數是基礎課程，有助了解自動化的概略全貌，和客戶等外界人士溝通聊天時，也比較沒有障礙。

李桂權說，從事研發工作的工程師，少有輕鬆的片刻，常常一忙就忙

很久。若還要兼顧家庭小孩，除非為了升遷，提高待遇，否則很難回學校再進修，線上學習是較適合的進修管道。尤其 DeltaMOOCx 這類磨課師平臺比較有彈性，可隨時上課。他每天下班後上網看 1 到 2 個小時的影片，遇到本來就懂的可以快轉，比較難的就放慢速度，重複觀看。

DeltaMOOCx 是他首次接觸的線上課程，印象較深刻的是已故雲科大教授蘇國嵐及其他 3 名教師授課的「自動控制」，講得比較慢，但很清楚，有條理，不懂的人一聽之後，很快就能理解。期中、期末考主要考選擇題，考題都在課程裡面，不會太難。

李桂權建議，在台達這類大公司上班的在職人士，工作上常會接觸英文，在校所學不敷使用，他建議 DeltaMOOCx 的影片可以加英文字幕，順便提升英文能力。

◈ 台達大陸員工響應 DeltaMOOCx，不少人連修多門課

台達在大陸的員工，得知 DeltaMOOCx 的開課訊息，不少人加入修課行列。例如在東莞台達試樣部門，29 歲的黃婷婷，大學主修專業是電子應用及電器維修，沒上過專業的自動化課程。她目前從事工程電氣方面的職務，評估偶爾會用到自動化專業，在校所學不夠使用，加上社會在發展，自身覺得知識不夠，需要學習，因此在 106 學年選修「自動控制」、「智慧商務導論」、「電力電子導論」等 5 門課，都拿到完課證明。

黃婷婷說，當初是公司內部發送郵件告知員工，可上 DeltaMOOCx 學習一些課程，東莞大概有 7、8 名同事一起學習。她每天約花一個半小時上課，比較遺憾的是，有些課程無法實作，培養動手能力。

黃婷婷表示，東莞這邊也有類似線上課程，也是不收費，但論及師

資，DeltaMOOCx 還挺強的。她說，線上學習還是看個人，若有想法、有興趣、時間也允許，就挺好的，應該推廣，讓想要學習的人可以有更好的學習管道。

不過，讓她覺得美中不足的是，DeltaMOOCx 的修課證書，應該還未被太多地方認可。若證書含金量更高些，相信有更多人願意選修 DeltaMOOCx 的課程，完課率會更高。

◆ 在校生修 DeltaMOOCx 課程，有助求職面試加分

DeltaMOOCx 的自動化學程，涵蓋大學部到研究所的相關課程。許多開課教師在學校也同時開實體課程，修課學生過半是在校生，上網修課沒採計學分。但除了有助預習、複習功課及製作專題，拿到修課證明，無形中也為畢業求職加分。雲林科技大學電機工程系畢業生林稚祐就是個很好的例子。

林稚祐就讀雲科大的 105、106 學年間，共選修「自動控制」、「自動化工程導論」等 7 門課。其中「自動控制」是因學校有實體課程，搭配看線上教學影片，不懂的地方可以重複觀看，對考前複習特別有用；至於「機器人學」，則是系上選修課，他因衝堂等因素無法修課，則改修 DeltaMOOCx 臺北科大 5 位教授合開的課；其他幾門課則是覺得以後可能用得到，基於興趣上網修課。

林稚祐說，電機等工科的課程，和文科不一樣，上課常會提到很多理論、公式與程式，課堂上只聽一遍，往往沒辦法完全聽懂。且不同老師的講解，學生吸收的程度也不一。透過 DeltaMOOCx 的教學影片，剛好能補其不足，不但可不限時地反覆觀看，也可看看其他學校的老師怎麼教。

例如「機構設計與應用」這門課，老師講得深入淺出，外系學生比較可以聽得懂。

此外，選修 DeltaMOOCx 的課程，對於科大的專題製作也很有幫助。林稚祐做的專題和病徵的醫學影像處理有關，看過台達磨課師的相關課程，獲益不少。

林稚祐大學期間也看過臺大、清大等校的網路開放課程（OCW），但往往只是把教室的教學錄影下來，黑板或投影片上的字，有時會因反光或字太小而看不清楚。反觀 DeltaMOOCx 的影片，都在電視台攝影棚錄製，投影片也都有標準規格，整體品質好很多，老師講課也都很不錯。

林稚祐畢業後找的第一份工作，和微處理器、自動控制相關，他應徵時，就把修了 DeltaMOOCx 幾門課的經驗寫在履歷上面，也附了修課證明影本。他說，面試時主考官很有興趣，追問了相關問題，對於錄取多少有加分效果。

他建議相關學系的在學生，不妨挑一些自己有興趣的課程，上網看看 DeltaMOOCx 的影片，時間也比較有彈性。尤其同一課程若在學校聽不太懂，上網看別的老師講解，有時反而會豁然開朗。

至於大學就讀機械所控制組的卜啟軒，在學期間曾上過部分自動化相關課程，也經常利用線上課程增加專業知識，並接觸不同領域。他在 107 學年下學期選修「電機機械」、「電機控制」等 5 門 DeltaMOOCx 課程，主因是為求職準備，藉由課程有系統地整理與複習以往零散的知識。因此對理論與實務應用，有更廣泛了解，求職時和面試官也有更好的對話與互動。

卜啟軒目前任職韌體工程師，從事相關軟體開發、除錯、維護。當前工作內容雖與自動化相關專業知識較不相關，但一直有意轉向相關領域。

當初 DeltaMOOCx 的相關訊息，來自學長透過課程提升專業知識後，將 DeltaMOOCx 推薦給他。

他選修的 5 門課程，無論在課程安排或教學方針上，都相當貼近實務與當今技術應用。其中以「電機機械」與「電機控制」這兩門課最受用。「電機機械」中有針對不同電機的物理模型做完整而清晰的推導，並以實驗示範相關參數如何量測，內容十分完備。

「電機控制」則以古典控制理論起頭，直到現今常用但其他教材沒有仔細說明的 FOC、六步方波等控制理論解析，並以實驗模擬比較控制成效。勤益科大王孟輝教授的說明，令人容易理解，且印象深刻。

卜啟軒表示，和學校課程相比，DeltaMOOCx 除了修課時間上更彈性，上課影片可重複觀看外，部分課程不同單元由不同教師講課也令人印象深刻。可藉由講解者不同的思維，觀察不同教授對此領域的理解方式，自我驗證。

先前他也上過其他大學開設的線上課程，相較之下，DeltaMOOCx 的課程教學內容理論與實務並重，補足大學偏重理論的缺點。而在修課後的能力驗證上，DeltaMOOCx 也提供更具水準的驗證方式，並不草率；且申請修課證明不收取任何費用，讓經濟較不寬裕的學生也能放心取得證明。

他表示，DeltaMOOCx 的課程內容與單元安排都相當完善，他個人認為可稍微增加課後練習的題數與難度。對於想選修 DeltaMOOCx 的學生，若想達到最大功效，他建議要考量自身時間，決定修課數目，畢竟消化吸收知識需要時間。

此外，課程在開始前會提供參考書目與課程大綱，可針對大綱的條目，閱讀參考書，對整個課程有基礎的概念知識後，上課會更快了解教學內容，複習速度也更有效率。

⬡ 寫碩士論文，DeltaMOOCx 成為好幫手

選修 DeltaMOOCx 的在學生，有不少是碩士生，他們選定論文題目後，發現 DeltaMOOCx 有很多課程和論文主題相關，老師都已把重點精華整理好，有的還附實作影片，對扎根寫論文很有幫助。

剛從中華大學機械所碩士班畢業的林永禾，在 107 學年下學期就讀碩一時，一口氣修了 6 門課。他說，當時因為在學校只修了 3 門課，空閒時間比較多，經同學介紹，發現 DeltaMOOCx 的課程，很多和所學相關，他覺得很有興趣，加上還沒有寫論文的壓力，就修了 6 門課。他幾乎每天都上網看影片，重要的地方還做筆記。

他說，其中「機械設計—結構與電腦輔助設計」和「二維自動化光學檢測及應用」這兩門課，他在學校修過相關課程。尤其他的論文剛好和自動化光學檢測有關，DeltaMOOCx 的課程中，也用了他的指導教授邱奕契寫的教材，課程教得很詳細，對於他奠定論文的理論基礎，很有幫助。

至於元智大學教授徐業良主講的機械設計，也是每個環節都教到，且會把像球棒一樣的懸臂樑等道具帶到攝影棚，深入淺出講解，非常受用。

林永禾修了「自動化工程導論」，也有助他考上自動化工程師 level 1 的證照，尤其台達磨課師課程每個章節結束要做練習題，還有期中、期末考，更能加強印象，確認學習成效。後來證照考試，就出了一些相關題目，大有幫助。

林永禾說，工科的課程環環相扣，上課遇到某個部分不懂，就無法銜接後面的課程，越積越多，很難補救。尤其台灣的學生上課不喜歡提問，不像大陸交換生不懂就勇於發問，磨課師課程因此成為補救教學的利器。透過不斷倒轉，重複觀看，有些「痛點」多看幾次就通了，不懂的地方也

可透過討論區提問，很適合台灣學生。

◈ 系上老師錄課程，引介他修 6 門台達磨課師

剛從臺北科技大學機械工程系畢業的蔡菖圃，在 106、107 學年選修「機動學」等 6 門 DeltaMOOCx 的課程。他說，一開始是因為系上老師陳正光錄製「機動學」，列為學校上課必用的輔助教材，希望學生課前先預習、做筆記，上課比較容易理解，也有助考前複習，期中、期末考的題目有一定比率出自線上課程。

蔡菖圃為自己立下目標，希望未來能進高科技產業當工程師，自動化專業知識大概也都是必備技能，因此基於培養課外知識，才上台達的平臺修這麼多課。他之前也修過中華開放教育平臺、中國大學 MOOC 等線上程課，都是免費平臺，採電子證書，但有的教學影片比較簡陋，品質參差不齊。相較之下，DeltaMOOCx 整體品質較精緻，有些課程會附上簡報，拿到實體證書，對升學有加分效果。

他表示，當時每天差不多花 1 到 2 小時上線修課，最受用的是本校老師陳正光的「機動學」以及元智大學教授徐業良的「機械設計」，提供他一些機械設計相關的知識。

值得一提的是，DeltaMOOCx 早期的平臺受頻寬影響，播放影片有時會卡住，速度比較慢。蔡菖圃曾建議放在 YouTube 等第三方線上影片播放器，後來都改善，他覺得很不錯。相較中國大學 MOOC，這點有相對優勢。

7

建立華人世界品牌，
善盡企業社會責任

DeltaMOOCx 大學自動化課程於 2015 年 2 月首次有兩門課上線，即「數位信號處理器」與「微算機原理及應用（I）」，課程時數分別為 18 小時及 9 小時，修課人數 247 人及 192 人。配合學期制，兩門課也在 6 月中旬下線。

同年 9 月新學期開始（104 學年上學期），除了這兩門課再次上線外，另新增 6 門課，包括「微算機原理及應用（II）-LC3」、「嵌入式系統（I）」、「嵌入式系統（II）」、「工業自動化控制元件設計與應用」、「自動化工程導論」、「自動控制」。前 3 門因將課程區分為（I）、（II），課程時數均為 9 小時，後 3 門則各為 18 小時。該學期共有 8 門課上線，修課人數增加至 2671 人，平均每門約為 330 人。

此後，除了每學期增開新課外，大部分課程也都再次上線。至 2020 年 10 月為止，有些課程已上線 11 次，而所有 32 門課共上線 230 次。雖然初期每門課報名人數平均僅為 300 人左右，但累計修課人數已超過 10 萬人次，即修課人數逐漸增加，並已達到平均每門 500 人以上。

這些課程在大部分的大學，每學年大多只開設 1 次，但在 DeltaMOOCx 平臺，則每學期都上線，意即其中一學期沒有實體課程配合。雖然學校有開實體課程時，可吸引一些修課同學報名選修 DeltaMOOCx 的課程，而有所謂的「基本學員」，報名人數也較多，但即使當學期沒實體課程，DeltaMOOCx 課程的報名人數也相差無幾，顯示報名 DeltaMOOCx 的學員，非僅限於三所科大，多數來自其他大學，且有相當比率的學員非在校生。

根據平臺統計，獲得最多修課證明書的學員，是位於台中精密機械園區至陽塑膠公司的副總經理劉哲佑，他在大學、碩士班學的是電機工程。他有感於生產製程自動化的重要性，藉 DeltaMOOCx 的課程，自修各相

關知識，迄今已取得 21 張修課證明書。

此外，取得 5 張以上證明書的社會人士超過 15 人。相對而言，取得 5 張以上證明書的在校生，則僅有 6 位。

修讀 DeltaMOOCx 課程的學員，也有部分是台達電子公司的同仁，且有些是在中國大陸的台達廠任職，他們甚至有人取得 7 張證明書。可見 DeltaMOOCx 課程，不僅讓在校生受益，也提供非專業的社會人士修習的機會，更讓工廠的實務人員藉此增進專業知識。

◆ 修課陸生請專辦代購教科書，德國交換生回饋受惠多

值得一提的是，DeltaMOOCx 的平臺雖然可以讓世界各地的人士上網學習，但學員仍以華人居多，主要來自台灣。由於 DeltaMOOCx 沒有在中國大陸設置平臺，也沒有利用當地的平臺上線，大陸的學員上網觀看影片，有時受限於頻寬，效果不佳，但仍吸引不少學員。

有一位來自四川的學員於客服信箱留言，經朋友介紹修習徐業良教授的「機械設計」，覺得教學非常精闢，涵蓋廣泛，相信無論是給非專業人士當科普知識，或拓展專業人士的視野，都很有幫助。雖然他非從事自動化相關工作，但整個課程對機械設計流程的梳理，讓他收穫良多，這是在大學期間和工作以後都沒有太多機會整理的部分，對個人啟發非常大，其中有很多新穎的想法可能在未來的工作和學習會用上。

這位陸生表示，徐業良教授在影片中提及自己編寫的教科書《機械設計》，他很想進一步研讀，但在大陸買不到，且透過網購也買不到，因此寫信希望專案辦公室能幫忙代購，這讓徐業良很感動。

專辦執行秘書林錦櫻看到陸生這麼好學，覺得很難得，於是自掏腰

包，買書寄給他，該陸生迅速瀏覽後非常驚喜。因為書本對教學影片沒講到的部分作了不少補充說明，尤其是軟體操作部分。他說未來很樂意將機械設計系列課程分享給身邊有需要的朋友，希望今後還有機會看到這樣深入淺出的課程。

比較有趣的是，開設「工業電子學」的北科大教授許東亞，有陣子感冒抱病錄製影片，有陸生3年後才修課，看到影片中的教授在咳嗽，還寫

有陸生在元智大學教授徐業良的教學影片中，得知徐教授曾編寫教科書《機械設計》，寫信請 DeltaMOOCx 專案辦公室代購，後來由清大專辦執秘林錦櫻自掏腰包贈書。

信問候要多保重，也讓許東亞倍感溫馨。

許多 DeltaMOOCx 的開課教授，也在學校同時開課，把線上課程當成輔助教材，他們有的在學期末時，會發問卷調查學生對於 DeltaMOOCx 的看法，發現連班上的外籍生都說讚。

例如臺科大教授蔡明忠調查班上同學的意見，有名德國交換生也上網修老師講授的「自動化工程導論」，她用英文寫回饋意見，說她很喜歡台達磨課師，因為有線上課程、考試、練習題和作業等，充實多元。

考證照、國考，看 DeltaMOOCx 也有用

學生除了肯定 DeltaMOOCx 可不限時地，重複觀看，還可在討論區提問等優點，每個章節後面都會放上練習題，讓學員檢驗學習成效，也是很好的設計。也有人當初是為了考自動化工程師的證照而研讀台達磨課師的課程，發現很受用，甚至在考題中，看到 DeltaMOOCx 做過的練習題或期中、期末考題目。

也有許多人是為了準備國考而上網修 DeltaMOOCx 的相關課程。例如高考、地方特考等公務人員考試機械工程類科的考科當中，「自動控制」、「機械設計」這兩科在 DeltaMOOCx 都有同樣課程；電子工程類科也把「電磁學」列為必考，DeltaMOOCx 由任教超過 20 年的清大電機系教授黃衍介授課，某些國考補習班光這科的函授課程，就要價上萬元，但考生上台達的平臺修課，完全免費。不但有練習題及考試，有問題還可上討論區問助教及老師，有助經濟弱勢生準備國考。

DeltaMOOCx 的修課學員，除非學校老師也有開類似的實體課程，否則絕大多數只在網路的影片中見到老師，沒看過本人。但隨著課程每學

期都上線，修課人數越來越多，有的老師也會湊巧在路上被修課學生認出來，師生相見歡。

例如臺北科大林顯易教授開授的「數位信號處理器」，是平臺上線的第一門課，為解說數位信號的產生與傳遞，他特別在第一堂課用烏克麗麗自彈自唱五月天的情歌，令學員印象深刻。有次他去星巴克買咖啡，打工的服務生竟然認出他，因為曾在 DeltaMOOCx 修過「數位信號處理器」這門課，這讓林教授覺得很有成就感，頓時好像成為「知識型網紅」。

企業委託臺科大代訓，採用 DeltaMOOCx 課程

此外，修課學員中，也有不少來自業界人士。臺科大體認到業界的進修需求，也將 DeltaMOOCx 推廣到企業內部的訓練課程。臺科大教授蔡明忠說，有國內某大企業希望讓生產技術人員更加了解自動化專業知識，便請臺科大成立專班代訓，一期從 3 月到 12 月，約 9 個月，共上課一百多個小時。專班採用 DeltaMOOCx「自動化工程導論」、「工業 4.0 導論」這兩門線上課程當教材，由 DeltaMOOCx 幫他們另闢一個專班的平臺。專班結業會頒發證書，而學員通過 DeltaMOOCx 這兩門課的檢測，也另發完課證明書。

蔡明忠說，這個企業專班的上課模式，比照學校正規課程，學生除了要在家看網路課程，還要到校上課寫習題，確保學習成效；校方同時安排 3 週的實作課程，每次週六一整天，要到臺科大的實驗室，練習操作 PLC、感測器、機構、人機介面等自動化設備，都是採用勞動部技能檢定合格場地的設備。透過網路線上課程、實體課程及實作課程的 O2O 訓練模式，希望業界人士真正學到基本的自動化知識。

◈ 公益投資報酬（SROI）效益高，每投入 1 元創造 9.82 元價值

DeltaMOOCx 是基於企業回饋社會所投資的公益事業，台達電子文教基金會至今已投入一億多元經費開設大學的自動化學程，不僅增進教師的教學技巧及學生的專業知識，對知識的傳播、學生智能的提升，以及社會發展和產業科技的貢獻等，發揮多重效益。台達乃委託專業單位用可量化指標，具體衡量，作為後續推動、改進的參考。

2019 年台達基金會特委託 KPMG（安侯永續發展顧問股份有限公司）就 2018 年基金會當年對大學自動化及高中 / 高工磨課師課程的投資，

台達電子文教基金會董事長鄭崇華（右起四）、專案計畫主持人彭宗平教授（右起五）、基金會執行長張楊乾（右起三）帶領基金會及專辦同仁創辦 DeltaMOOCx，公益投資報酬率高，為企業善盡社會責任立下典範。

分別進行公益投資社會報酬分析（Social Return on Investment, SROI）。SROI 主要的國際推動組織為 Social Value International，提供 SROI 認證服務，另包括計算工具及資料庫等。

　　KPMG 根據評估 SROI 的七大原則，設定評估步驟，包括規劃及設定目標、標記衝擊、蒐集資訊、分析衝擊及評估與建議等五步驟。其中標記衝擊包括鑑別投入（金錢、人力、時間）、產出、成果與衝擊。蒐集資訊包括訪談、問卷、實地考察。分析衝擊則包括建立財務代理指標、進行調性因子分析、計算未來價值與計算 SROI。最後的評估與建議步驟，則依據計算 SROI 之結果，檢視專案目標的達成情況，並提出未來之改善方向，以優化社會投資策略。

　　KPMG 自 2019 年 1 月開始規劃及設定目標，經過前述 5 個步驟的作業，對 2018 年的投入與成效，推估未來 5 年的影響價值，於 2019 年底完成 SROI 評估報告。大學自動化學程產生的 SROI 為 9.82，亦即基金會每投入 1 元，DeltaMOOCx 所創造的價值等同於 9.82 元。KPMG 副理帥文欣指出，這比 KPMG 就公開資料觀察台灣其他單位教育相關專案的 SROI 平均值 6.69 高出許多，主因是使用者多，主軸明確。

　　分析報告指出，自動化學程主要效益包括精進自動化專業知識、促進校際間教學資源共享、產生從事自動化相關工作的興趣，以及節省獲得學習資源所需花費的成本，在 SROI 的占比分別為 26.4%、26.0%、14.3% 及 19.7%。其他的效益尚包括培育自動化產業人才（7.4%）、增加求職能見度（3.8%）等。

　　若再進一步分析，產生的效益依不同利害關係人，而有所不同。在 9.82 元的 SROI 中，學生獲得的報酬占 65.8%，其主要效益依次為精進自動化專業知識、節省獲得學習資源所需花費的成本、產生從事自動化相關

根據 KPMG 的評估報告，DeltaMOOCx 大學自動化學程產生的 SROI 為 9.82，亦即基金會每投入 1 元，DeltaMOOCx 所創造的價值等同於 9.82 元。

的工作興趣、增加求職能見度及提升學習自信心。

　　對參與的大學，其報酬占 26.0%，主要效益是促進校際間教學資源共享；就基金會而言，其報酬占比 7.4%，最大的效益即是培育自動化產業人才。

◈ 上班族修課占 38%，建議評估需求設計課程

　　根據 KPMG 的問卷統計，修讀自動化學程的學員，除在校生占 54% 外，上班族占比達 38%，因此建議可對上班族的使用需求進行評估，設計相關主題的學程，供上班族自學成長。而在校生主要利用 DeltaMOOCx

教學影片作為複習資源，未來可加強與實體課程的結合。

　　由於效益最高的項目為精進自動化專業知識，評估報告亦建議 DeltaMOOCx 持續掌握自動化的產業應用與未來發展趨勢，規劃相應的最新自動化課程；而效益最低的則為精進教師個人教學技能，因此建議設計師生互動機制，讓教師獲得更多學生的回饋，提升師生互動程度，以強化教學成效。

8

疫情帶動「宅教育」，
解析六大高教趨勢

2019 年 12 月初，大陸湖北省武漢市販售海鮮和野味的華南海鮮批發市場，爆發由新型冠狀病毒傳染的肺炎，世界衛生組織（WHO）命名為「COVID-19」（簡稱新冠肺炎）。疫情很快席捲各國，至 2020 年 11 月底，全球已累計超過 6000 萬個病例、逾 140 萬人死亡。聯合國秘書長古特瑞斯直言：「新冠病毒大流行是自二次大戰以來最嚴重的全球危機。」

　　疫情不只衝擊全球經濟，百業蕭條，教育也面臨前所未有的挑戰。為維持社交距離，避免群聚感染，各國學校幾乎都停課，改採遠距教學；且隨著各國關閉國境，境外生不得其門而入，被迫線上學習，卻仍須繳一樣高的學費。

　　例如英國劍橋大學就宣布，2020 年 9 月開始的新學年，大型課程仍都維持網路教學，只有少數人的小組教學仍正常舉行。但校方認為線上教學反而增加負擔，因此不降學費，引發許多學生抗議，有人打算輟學或休學。

　　美國哈佛、普林斯頓等名校，新學年也只開放部分學生到校上課，例如普林斯頓秋季班先讓大一、大三生返校上課，春季班則輪到大二、大四生回到教室；哈佛、南加州大學更要求秋季班的境外新生不能入境美國，只能接受遠距教學。

　　台灣因未出現大型社區感染，至 2020 年 11 月底只約六百多人確診，7 人死亡，是全球極少數疫情期間學校仍未關閉的國家。但教育部 2 月仍宣布，全國高中職史無前例因疫情延後開學兩周，從 2 月 11 日延後到 25 日，暑假則縮短兩周；多數大學也跟進延後開學，大學指考也延後兩天舉行。

　　3 月 15 日，一名北市高中生與家人同遊希臘返台確診，同班同學因此須停課 14 天，要線上補課。為因應中小學未來遠距教學需要，教育部

還請老師示範如何「一對多雙向視訊教學」。

之後成大、臺師大等大學也拉警報，出現零星學生病例，同班課程改為遠距教學。為避免群聚感染，各校也紛規定，修課人數超過 60 或 100 人以上的大型課程，改採教室分流或遠距教學，全校並進行同步及非同步遠距教學演練。沒經驗的教授，也被迫要在電腦安裝軟體，和學生視訊教學。

因關閉國境，兩萬多名境外學生，也遲遲無法返台就學，例如臺科大約 200 名陸生，疫情期間只約 10 個人在台，其他都滯留大陸，只能改採遠距教學。各大學面臨外籍生流失、學費短收、教授缺研究生的困境。

直到 7 月，政府才先後開放 19 個低風險國家地區的學生及包括大陸在內的所有應屆畢業境外生入境，8 月 24 日才完全開放大陸等所有境外生入境。

此外，像臺北科技大學在大陸、泰國開設的海外 EMBA 專班，在疫情期間就全採遠距教學；臺灣科技大學透過外交合作方式與巴拉圭政府合作開設的台巴科技大學，也因疫情關閉學校，派駐巴拉圭的 10 名臺科大教師，也被迫改採線上教學。

一場鋪天蓋地的全球大疫情，不只帶動線上購物、外送美食的「宅經濟」，以遠距教學為主的「宅教育」也躍為主流，尤其能隨時隨地重複觀看，還能線上討論及考試的磨課師課程，更成為輔助教學利器。

疫情及遠距教學對未來高等教育到底會產生哪些重大影響？本書採訪參與 DeltaMOOCx 規劃、開課的大學主管及教授，歸納出學習、教學、課程、制度、大學、國家等六大向面的教育趨勢，分述如下：

一、學習面：能力比學歷重要，網路自學人人可出師

2020 年春節期間，因新冠肺炎疫情，大家都避免出門，臺北科大前副校長、DeltaMOOCx 審議委員楊哲化當時都乖乖待在家裡。由於近來人工智慧（AI）很火紅，他閒來無事，想自學 AI 常用到的程式語言 Python。當時留學美國的二兒子剛好返台，就告訴他，要學 Python 很簡單，線上看幾堂課就會了。

他上網搜尋了一下，就選了很多人推薦的彭彭老師「Python 程式設計入門」，看了 27 堂課，實際做了幾個練習，沉浸了一個禮拜，就真的學會等於大學 3 個學分的課程。過了一個月，他已會用 Python 寫程式，一個簡單的應用，就是利用高速攝影機拍攝乒乓球發球機的出球瞬間，藉由程式的分析來獲得發球的速度與旋轉數，「我從完全不懂，到現在已經可以應用了。」

後來他又在網路上了 40 幾堂「機器學習」，有很多理論、實作。他就帶著筆電，跟著網路上教的步驟做，也很快學會相當於學校 3 個學分的課程，且真的能 coding 寫程式。

這讓他深刻意識到，「好的線上課程，甚至比學校教學還更有效、更值錢。」因為線上教學把教材濃縮、精緻化到極致，學生可倒轉、快轉、一看再看，是非常有效率的學習；相較之下，老師的課堂教學無法 NG 重來，學生如沒聽懂，沒在當下問老師，課程講過一次就沒了，「但台達磨課師的課程，永遠放在 YouTube 上，想看幾遍都行。」

楊哲化說，傳統的線上課程比較單向，不懂時沒人問，但對於真正想學的人，會把不懂的地方看到懂，有時必須多倒帶幾次，才能把課搞懂。

磨課師的課程更進化，有問題還可上討論區問老師，更能補其不足。「在新冠肺炎蔓延的時代，磨課師實在太重要了。」

「網路授課將來是必然趨勢，且對學習者而言，是很有效率的方法，特別是自動自發的學生。」楊哲化如此表示。以美國為例，在疫情期間，幾乎所有大學都改採線上教學，且有些可能永遠回不到過去，遠距教學未來會變成常態。

對自學者而言，能力比學歷重要，只要能學會他需要的知識或技能，即使不是在大學課堂，而是在網路學到的又何妨。且根據個人需求，網路課程也不見得要從頭看到尾。

楊哲化舉例，針對「機器學習」這門課，若你只是其中的「最大梯度法」不懂，就可只挑這單元好好聽幾次，裡面會教你相關的數學，及如何用套裝軟體寫程式，能學得很完整。半夜兩點可以學，週末也可以學，「你不用為了喝牛奶，還特地養一頭牛。」不需要為了學「最大梯度法」到學校修一門課或修碩士。

臺北科大校長王錫福表示，這次疫情加速教育、商業等數位化的發展，改變大家的生活習慣，例如線上訂餐、購物平臺變得更發達。以前一些長者不習慣使用，但為了防疫，也都慢慢接受。像他太太以前都到實體店面買東西，疫情過後，都改到線上採購，因為覺得很方便。疫情同樣改變未來教育型態，一旦大家都習慣遠距教學，磨課師會發揮更好的效果。

「新冠肺炎對教育界，有太多啟示了！」楊哲化相信疫情過後，人們會更加肯定線上教學的價值，下更多工夫，線上教學會飛快進步，也更加印證台達「超前部署」，投入這麼多經費錄製 DeltaMOOCx，如今看來真的很值得。

協助 DeltaMOOCx 建立新平臺的元智大學博士生李奕認為，無論是

否發生疫情，像 MOOCs 這樣的線上教育平臺都將成為未來趨勢，而疫情只是個催化劑而已。

他說，人類社會的發展，始終向減少貧富、性別、醫療資源等各種差異努力，而減少教育資源差異，絕對是最關鍵的一個方向。像 DeltaMOOCx 這樣的平臺，可讓所有學生都有機會獲得最優質的教育資源，給學生在正常課堂之外一個新的選擇。

此外，磨課師平臺也實現了無時無刻、無所不在的自由學習方式，破除課程的時空限制，也提供更豐富的授課方式。李奕認為，未來的大學都應該將一些重要課程放在磨課師平臺上，將線下授課通過錄影的方式放到線上，給學生一個機會去回溯上課時沒有聽懂的關鍵點。

二、教學面：遠距教學成基本能力，教師角色重新定位

2020 年 2 月底，臺科大機械、資工、土木、工業管理等系的 10 位教授，搭了近 36 小時的飛機，千里迢迢飛到南美巴拉圭首都亞松森，為台巴科技大學的學生授課。沒想到疫情來得太快，學校在一週後關門，打亂原本授課計畫，也考驗這群教授的遠距教學能力。

臺科大校長廖慶榮說，台巴科大是基於兩國外交友好關係，2018 年由巴拉圭設立，但由臺科大百分之百支援師資的學校。臺科大每學期派駐 10 位老師到巴拉圭全英語授課，學期結束再換另一批教授前往。2021 年台巴科大預計有 4 個系約 100 名大三學生要來臺科大上課。

曾為 DeltaMOOCx 錄製「智慧商務導論」的臺科大工管系副教授楊

朝龍，剛好在疫情期間輪派到台巴科大授課一學期。他說，教授們 3 月才剛上完第一週的課，巴拉圭的疫情就變嚴重，當地政府緊急宣布，關閉所有學校，停止上課。教授因此被迫待在住處，晚上形同宵禁，哪兒都去不了，也回不了台灣。

◆ 巴拉圭所有大學停課，只有台巴科大照常遠距教學

楊朝龍說，巴拉圭的大學缺乏遠距教學的經驗與資源，在學期一開始就因疫情停擺，所有大學到期末都完全沒上課，只有台巴科大除外。教授和校方緊急會商，兩週內就建置好遠距教學的環境，「上課對我們而言，一點問題也沒有。」

不過，並非所有臺科大教授都熟悉遠距教學，曾錄製台達磨課師課程的楊朝龍，以往的經驗這時派上用場。由於巴拉圭沒有自己的網路教學平臺，臺科大教授只能利用 Google Classroom、YouTube 等既有的遠距教學軟體。以他為例，把所有的課程都錄製成影片放在 YouTube，每週一放一段新題材的教學影片到 Google Classroom，且比照台達磨課師的模式，學生每週五要看影片交作業，由助教批改。

楊朝龍錄製台達磨課師的課程時，學到每段影片要吸引學生，最好不要超過 10 分鐘，因為上課不像看電影那麼有趣，影片太長，學生注意力容易渙散，效果會大打折扣。他因此提醒其他教授，每段影片的長度，控制在 10-15 分鐘。

DeltaMOOCx 的平臺，可提供討論區及線上考試的功能，楊朝龍也利用 Cisco Webex 這個線上視訊會議的軟體，在每週兩節的實習課時，請學生從遠端登入到 Webex，由助教帶動學生做作業、討論、問問題，英文

不夠好的學生，助教還可幫忙翻譯成西班牙文。

楊朝龍也設計線上考試的方式，雖然每次考試都出了 A、B、C 等 3 份試卷，仍難避免少數學生傳簡訊作弊，還有進步空間。這也凸顯，遠距教學要有成效，類似台達磨課師的系統很重要。

在巴拉圭所有大學都關閉停課的情況下，竟然還有一所大學透過網路科技，能持續上課到學期結束，且教學效果不打折扣，台巴科大的表現，讓當地家長圈很驚訝。校方在課程結束後，也辦了一場大型研討會，探討遠距教學的實務，讓當地記者大開眼界，論壇上了當地的新聞媒體。

不過，稍微遺憾的是，台巴科大的課程，很多要搭配實作，例如要上化學、物理實驗，土木系更要大地測量。雖然校方早已購買令其他大學稱羨的實驗器材，但因實驗室關閉，只能先讓學生看相關實驗的影片及資料，把實驗課挪到下學期再上。

臺科大校長廖慶榮說，若遠距教學的品質都達到磨課師的水準，能即時互動討論，學校應該就沒意見了。尤其原本台巴科大每門課都已聘助教，他們當初都是拿台灣獎學金到臺科大進修的研究生，就可由他們帶領當地學生實作。

廖慶榮表示，教育部早已開放一門課有 1/3 的學分可採遠距教學，例如 1 學分 18 個小時，可有 6 個小時不進教室，上網看教學影片即可，若要進一步開放，就要報教育部核准。但多數教授，其實連那 1/3 的遠距教學都沒用過。

臺科大因疫情延後兩週開學，為讓學生學習不中斷，廖慶榮說，那兩週就開了 3 門遠距課程，包括病毒、英文、表達與溝通，其中擔任通識學會理事長的副校長兼教務長莊榮輝，擔綱教病毒通識課。當時校方就很徹底了解遠距教學的重要，尤其要有討論時間，可用臉書等工具，由老師或

助教主持。

　　且臺科大希望不管磨課師或一般遠距教學，都有實體考試，因線上考試學生可能投機取巧，但只要有實體考試，學生認真程度就不一樣。所以校方一直希望能在期末開放境外生回來考試，但未如願。

　　經過這次疫情，遠距教學已成為教授必備的基本能力，因為就如同台巴科大的教授，毫無預警，一下子就要派上用場。廖慶榮說，現在很多老師已慢慢錄了一些遠距課程，漸漸習慣，相信以後很多人開的實體課程，也會採用部分磨課師等遠距教學內容。一旦師生都習慣，就更能推廣磨課師。

　　以臺科大電子工程系教授林淵翔為例，他早在 103 學年下學期，就為DeltaMOOCx 開設「微算機原理及應用（Ｉ）」。疫情期間，臺科大電資學士班有門課因修課人數多，改為非同步遠距教學，他自己在家裡錄了90 分鐘影片，就剪了一小段 DeltaMOOCx 的課程放進去，趁機向學生宣傳。

　　再例如臺北科大自動化科技研究所特聘教授陳金聖，在校內和幾名老師合開「應用感測器概論」，他負責上影像感測器的部分，就採用他錄的DeltaMOOCx 課程「二維自動化光學檢測及應用」的相關影片。疫情期間有 5 名陸生被迫滯留大陸，無法返台上課，他就請陸生看他錄的那一段影片，考試就從裡面出題。

　　相較於大學仍正常上課的台灣，疫情更嚴重的大陸，更是全面推動遠距教學。協助 DeltaMOOCx 建立新平臺的元智大學博士生李奕，來自大陸，他指出，近半年疫情期間，大陸幾乎所有學校都非常迅速地採用各式各樣線上教學工具，不僅使用 MOOCs 的平臺，類似「釘釘閱讀」之類原本應用於辦公場景的 App 也派上用場。基本上，所有大陸的大學都採用

線上直播的方式正常教學，甚至包括體育課，也有體育老師直播帶領學生進行室內運動。

◆ 楊朝龍：疫情為教學帶來兩大衝擊

楊朝龍說，台巴科大的教授上完課之後彼此討論，確認這次疫情對教學有兩大衝擊：

第一，做中學的實作課程還是很重要，但如果所開的課完全不需要實作，且學生也聽得懂英文，則將面臨 MIT、史丹佛等全球名校同一門線上課程的競爭。像他在臺科大教程式語言，就有很優秀的學生同時上史丹佛的線上課程，他也鼓勵學生上，而他教程式語言的實習課，就變成很重要的核心課程。「尤其全英語教學，競爭對手特別多。」

第二，教學方法會讓老師的差異化顯現出來。楊朝龍舉例，他教管理數學，也就是線性代數，有學生看了其他大學老師的網路課程，有個地方聽不懂，他就得加以講解；甚至有的學生可能在高中時代就學過同樣課程，老師不可能把學生綁在教室，禁止他們看網路課程，只能調整自己的教學方法，上課要更絞盡腦汁，特別講解、演練。他笑稱，老師最怕學生挑戰你：「MIT 的老師不是這樣講的喔！」

臺北科大前副校長楊哲化說，疫情帶動遠距教學，恐怕也連帶威脅老師的生計。因為若站在學校角度，以往老師同一門課每年都教 1 次，連教 3 年，學校要付 3 年的錢，甚至還有不同老師教同一門課，學校要付更多錢。但拍成磨課師影片，學校只要付一次的錢，且哪一段拍不好或要更新，還可以重拍。這時學校還需要這麼多老師嗎？

尤其新冠肺炎爆發後，以美國為例，停止招收外籍學生，州政府補助

又減少，許多學校收入減少 3 成以上，如何更有效經營，線上課程絕對跑不掉，連帶也威脅到老師生計。但楊哲化說，若換一種比較正向的想法，要藉由有經驗的老師，才可把線上課程做得更好，老師仍有存在價值。

三、課程面：全球取材是贏家，死抱一本教科書成輸家

　　新冠肺炎疫情讓各國大學被迫停課，改採同步或非同步遠距教學，各個領域、各門學科的教學影片全放到 YouTube 等網路平臺。在線上課程百家爭鳴的後疫情時代，大學教師上課的教材更加無國界，年輕一輩的學生只要有心學習，網路滿滿是名師的課程。

　　但這也造成老師壓力，更要截長補短，採用教得比自己好的磨課師或其他線上課程。楊朝龍說，這也等於宣告，「死守一本教科書的時代更將成為過去」。

　　楊朝龍說，現在的年輕人，比教授還熟悉各種網路資源，老師不能不跟進。以他開設的管理數學這門課為例，開學第一週，他通常會把全球講這門課最好的磨課師課程列出來，告訴他們，他學生時代就是看哪個 MIT 名師的教科書，鼓勵學生多看、多學習。未來上課時，他也不排斥請學生看史丹佛等校的教學影片，看看某個議題史丹佛怎麼講，帶動學生討論。

　　「站在學習者的立場，學生能學懂、學會最重要。」楊朝龍認為，大學教師各有所長，未來應拋開本位主義，吸納百家精華，扮演整合、啟發的角色，老師抱著一本教科書教好幾年的時代，已經過去了。

　　雲科大副校長方國定指出，不要把磨課師當成上課主體，主體仍應在

上課現場，用 SPOC 的效果會更好。教學可分三階段，包括課前要先上網預習；上課時先考試，確認有無預習，課堂應帶動討論、導引實作，不應再重複教線上課程的內容；課後再看看有無內容要調整。

他以自己教的「研究方法」為例，以前每週 3 小時的課，準備約 120 張投影片，從頭講到尾。但現在他到 Coursera 平臺下載密西根大學、阿姆斯特丹大學、約翰霍普金斯大學等校相關課程內容，請學生自己先看。

方國定說，國內大學自己拍的磨課師，不見得能找到最優秀的老師來拍，但在 Coursera，能找到全世界第一流的老師來教，不見得要全部自己來，除非像銲接這類有點難度的實作課程，再自己處理。

採用同一磨課師課程、多校共同開課成趨勢

清華大學電機資訊學院院長黃能富，幫 DeltaMOOCx 設計最初的平臺。他說，未來一門線上課程，也不見得都要老師自己錄，可採用別人的優質教材或影片，帶動學生學習。老師的角色不再侷限於錄課程，而是要啟發、帶動討論。畢竟精品課程，當然是越多人用越好，「教學的目的，應該是以教會學生為要務，而非只在意教幾小時，卻不管你教得好不好。」

黃能富說，他錄的磨課師課程，就有很多教授採用，例如 9 小時在課堂上講課，另 9 小時看影片，有很多組合。他就曾結合 21 名不同學校的教授（包括一名上海教授），一起採用他錄的「計算機網路概論」磨課師課程當教材，在各校各開一門採計學分的課，學生總共 7000 多人，創下台灣紀錄。

這些授課老師可讓學生在教室看影片，也可在家自己看，但老師要關注自己班上的學習效果，和學生要有互動，最後要到校考試。這門共學、

共互動的課程，後來教育部評選為「2018 年磨課師標竿課程」。

　　臺北科大教務長楊士萱表示，北科除了和台達合作推動磨課師外，由北科、北醫、臺北大學及臺灣海洋大學等 4 校組成的臺北聯大，也推動 MOOCs 共構計畫，在 2020 年 5、6 月疫情期間，合開了一門 AI 科技應用的全英語課程，在英國的線上平臺「Future Learn」上線，有來自 97 國 1492 名學生註冊。

四、制度面：學時、學分、學位認證更有彈性

　　磨課師課程沒有時空限制，隨時隨地可上網學習，師生也可透過視訊軟體互動、討論，傳統一學年兩學期、一學分上課 18 小時的學分、學期、學位認定方式，都可能被打破，變得更有彈性，甚至連寒暑假的必要性，都可檢討。

　　以雲林科技大學為例，當初因疫情延後兩週開學，校方立即緊急應變，開設 19 門「線上自主學習微學分」，支持全校近 2788 人次在這兩週線上修課，其中包含 DeltaMOOCx「微算機原理及應用」等 4 門課程，也設計成「微學分」課程，共 104 位學生選修，校方也配合支給教師開課鐘點費。

　　在遠距教學成為常態的後疫情時代，這類微學分課程，勢必被更多大學彈性採用。雲科大副校長方國定解釋，有別於 1 個學分要上整整一學期、18 小時，微學分課程可能只要上兩週共 6 小時，等於 1/3 個學分，但可累計，例如上 3 門 6 小時的微學分，就可拿到 1 個學分。

清大電機資訊學院院長黃能富說，在後疫情時代，除了磨課師課程的質量要提升，他更關心的是要建立遠距學分的認證制度。磨課師至今仍無法建立好的線上考試監考、防弊機制，無法防範考試時發簡訊或用 LINE 作弊，因此可採線上學習、線下考試的方式，80% 的學習都在線上，20% 的考試到校筆試或實作，只要考試做到公平、公正，就要給學分。

目前清大「放心學」的高三生先修課程（AP）就是採取這種模式，只要到校通過實體考試，入學後就可抵免學分。未來若各校願意採認 DeltaMOOCx 這類磨課師課程，再自辦實體考試，就可採計學分。

不過，黃能富說，未來不只學分，甚至要開放遠距教學授予學位。像美國喬治亞理工大學等校，完全在線上學習、線上考試，照樣授予學位。但線上考試要有變化，除了筆試，還要利用線上通訊軟體，考試可以用面對面、師生互動的面試或實作，避免作弊，相法關法令都要鬆綁。

此外，目前採認 1 個學分，要上課 18 小時，但黃能富說，這是教室上課的標準，磨課師課程絕不能這樣採計。因為老師在線上回答問題、與學生的互動時間也要採計，所以線上課程應該 6 小時就採計 1 個學分，因為學生實際學習的時間，可能是教室上課的 3 倍以上，老師授課的份量，也是 3 倍以上。

五、大學面：依學生步調終身學習，回流教育更重要

新冠肺炎這場全球大流行的疫情，為教育帶來翻天覆地的改變，也刺激大學重新思考，到底大學為何存在？大學提供什麼樣的課程，才能真正

服務學習者的需求？

雲林科技大學校長楊能舒表示，這次疫情對於人類未來 10 年、20 年的生活文化，會造成改變，遠距課程一定會成為主流。「甚至有人講，以後根本不需要大學，全看工作需要多少張證照，再上網學習。大學的存在價值，也因此要重新思索、定位。」

元智大學機械系教授徐業良提出一個「未來大學」很好的切入點。他說，美國史丹佛大學著名的 d.school，曾經進行一項大規模的「設計思考」腦力激盪，勾勒出「Stanford 2025」的未來大學藍圖，描述 2025 年時的大學應該怎麼教，有兩件事和磨課師有關。

首先，現在大多年輕人在 18 到 22 歲時念大學，尤其台灣的學生更是如此，幾乎都是高中畢業就念大學。但史丹佛理想中的大學不是這樣，認為未來的人，一生當中，應該因應職涯需要，要有 6 年的時間回來充電念大學，不用集中在 18 到 22 歲。可隨時隨地學習的磨課師，因此成為最好的在職進修管道。

徐業良以自己開設的「機械設計」為例，學生因缺乏實務經驗，修機械設計可能比較沒感覺。但等到從事相關工作，覺得有需要或遇到難題，回大學修這門課就有感覺多了，也更認真。

其次，史丹佛強調「paced education」，也就是照學生自己的步調去學習，但目前的大學教育做不到，學生不管學得快，學得慢，都被要求一樣的步調。事實上，每個學生的資質及學習步調都不一樣，有的快，有的慢，應該因材施教。

磨課師剛好可以解決這個問題，每段影片只約 10 分鐘，不用枯坐 3 小時，且學生可根據自己的進度，放慢或快轉影片，聽到恍神時，可按暫停，休息一下再回來。若有不懂的地方，也可上討論區問老師或助教，老

師甚至可約時間和學生用視訊軟體互動討論，站在學習者的觀點，這都是更人性化、更有效的學習方式。

六、國家面：教育虛實整合極大化，競爭力高下立判

「在後疫情時代，任何一個國家的教育，若能把虛實整合做到極大化，就能在未來教育及產業的競爭勝出一籌，高下立判，刻不容緩！」退休後定居英國的臺科大前副校長、DeltaMOOCx 審議委員恒勇智如此預言。

新冠肺炎全球蔓延後，各國學校紛紛改採遠距教學，恒勇智說，以他居住的英國為例，從大學到幼兒園都要線上教學，但並非只是把傳統教學換成線上版，沒有實質改變，而是重新思考整體架構後，有新的作法。

以劍橋大學為例，宣布即使新學年也仍要線上教學，且不降學費，但恒勇智指出，雖然多數課程在線上進行，卻仍有師生互動，且在符合社交距離的大前提下，實驗課仍要到實驗室裡面做。不過，仍有許多英國學生質問，大學採改線上教學，為何不降學費？英國的大學校長回應：「因為教學品質沒有改變」，所以維持學費。

恒勇智說，學生有質疑，理所當然。其實大學除了強調教學品質不變，還可告訴學生，未來將引用更多新的教學資源，教學品質更強化，研究或就業都更有國際競爭力，值得投資高學費，會更有說服力；但維持學費的同時，仍永遠要支持弱勢生，讓他們有公平求知的機會。

此外，目前很多公司、工廠的在職訓練，已採用 AR、VR 等新科技，

未來磨課師如何引進、重新界定這些新工具，某種程度替代實驗或實作課來訓練學生或業界人士，也亟待政府整合產學界的意見。

雲科大副校長方國定以該校為例，搭配「台灣數位化技職輸出計畫」系列課程，和越南台商合作發展「工業配線」、「基礎銲接實習」兩門產學共用數位課程。其中「基礎銲接實習」動用三台攝影機，在強光下照射鐵水的流向，讓學生了解銲接關鍵技術，再搭配台商捐贈的銲接設備及雲科大提供的材料，由越南當地老師指導學生實際銲接；「工業配電」甚至用 VR 製作影片，讓學生有實作的感覺。

再例如臺北科大目前有些設計類的實作課也已採用 AR、VR 的技術，較不受環境限制，讓學生有實作的感覺。

「世界各國如何利用虛實資源，提升國際競爭力的結果，很快就分曉。」恒勇智說，台灣不能東做一點、西做一點，只求磨課師的課程量增加，就自我滿足。政府應有全盤規劃，除了教師評量、教育品質管制、畢業條件等要改變，過去不同院系開同一門課的重複性工作，也應整合，把資源釋放出來。實驗室教學也應結合網路課程，重新思考作法，確保品質。

恒勇智說，磨課師的設計，是希望被更多學校採用，但老師應跨越心態上的鴻溝，只要能補強自己的授課內容，採用別的老師的線上教材又何妨？至於每門磨課師課程的開課長短，要如何融合虛實資源採認學分等整體教育制度的改變，也端賴政府整體研議。

他表示，新冠肺炎給全球教育界新的機會去思考新的作法，「若能把握這難得的機會，讓學生求學方法及歷程更不一樣，能獲取更有競爭力的知識，將因禍得福！」

◈ 蘇傳軍：整合磨課師平臺，「國家隊」不能缺席

協助建立 DeltaMOOCx 新平臺的元智大學教授蘇傳軍說，不管將來有無發生疫情，磨課師都有必要推廣，因為即使平時也有學生請假，無法到校上課，都應該有第二、第三種管道，讓他們的學習不中斷。而線上學習最方便，坐火車、捷運也可學，不會把全部時間都浪費在打電動遊戲。

蘇教授說，磨課師的平臺系統早已存在，且功能也相當完整，重點是要如何提供誘因，鼓勵老師開課。其實把一門課設計好，要花很多精力，光只是設計線上評量答題的提示，都要老師傷腦筋，慢慢放進去。

「應該要由『國家隊』來建立磨課師平臺。」蘇教授呼籲政府成立磨課師的「國家隊」，協助開發適合台灣教育的平臺，教開課老師如何建立課程，給有意願的老師足夠資源來開課，隨時準備好，以應不時之需，不管是因疫情停課或學生因病請假等。

他坦言，現在很多大學的磨課師，「都是應付，為了有磨課師而磨課師」，品質良莠不齊，整體修課人數不多。反觀國外哈佛、MIT 等名校製作磨課師，老師可以拿到很多資源，且由專門的審查委員會來審查課程，所以他們的課程很完整，有親和力。

「政府應該好好思考把磨課師做好，有中文版、英文版，對大陸等境外學生也會很有吸引力，連帶提升台灣的聲譽和能見度。」蘇教授如此表示。

蘇教授很感謝台達電子文教基金會，請他的團隊開發新平臺。其實這種工作，更應由「國家隊」來做，在國外的開放平臺之上，建立一個更高階、老師更容易開課的客製化平臺，把方便的工具全加上去，老師就在這個國家平臺上建立課程，這一點都不難。「連我們一個小小的實驗室都做

得出來，更何況是國家總動員。」

　　他感嘆，現在推動磨課師，是學校各自為政，光開發平臺這件事，就浪費很多資源做同樣的事，尤其修改程式碼這種事太複雜，若能由國家隊號召頂尖專家，量身打造出台灣自己的平臺，老師統一在這個更方便的平臺開課，就省事多了，這才是教育部真正應該做的事。

　　高科大管理學院院長蔡坤穆也建議教育部，推動磨課師，應該找幾個重點學校，一次給 10 年的經費，可以召集其他學校的老師一起錄製，養一個專業團隊，才能提高課程品質。經費不應該分散到個別學校，單打獨鬥，要集中火力。

9

展望磨課師 2.0，

產學界提出 12 項建議

利用線上課程大力推動數位學習的重要分水嶺，可回推到西元 2000 年左右的 OpenCourseWare（OCW）開放課程。由於網路傳播無遠弗屆，世界各地的學生，都可隨時藉由網路連結到各大學網站，觀看與學習各校任何一門 OCW。知識的傳播，驗證了佛里曼（Thomas Friedman） 提倡的「世界是平的」的概念。

　　2012 年 MOOCs 的平臺與教材出現，將 OCW 的數位學習方式，又向前推展了一大步。OCW 基本上提供教授課堂上課的錄影、教材、作業與試題，讓學生得以瞭解或自修課程內容，但它只是單向與靜態的資訊傳播。MOOCs 因為平臺的改進與創新，提供師生線上互動與即時討論的機制，並可在線上批改作業及進行測驗，成為雙向互動的教與學的動態模式。

　　更重要的是，教師可利用平臺的功能，瞭解學生的學習歷程與成效，再利用大數據分析整個課程進行的情形，據以改善教學模式及提高學習成效，讓「教」與「學」得以不斷更新與改善，達到更高的教育目標。MOOCs 因此儼然成為取代 OCW 線上學習的新寵兒，受到各界重視。不僅各大學積極開設 MOOCs 課程，企業界也利用 MOOCs 進行員工訓練與進修，而各式教育與商業機構更藉此建立營利性質的 MOOCs 課程。

　　MIT 在 2001 年開始推動 OCW 時，將校內課程上網，免費提供給世界各地使用者，成為其他大學在網路世代傳遞知識的典範，並達到學習資源分享，提升知識，讓美國和世界變得更好的目標。同時也提升 MIT 在學術與教育界的影響力，善盡大學的社會責任。當新一代 MOOCs 推出時，世界各大學也紛紛起而效法，開設 MOOCs 課程，提供免費公益的學習管道給在校生或想自學進修的社會人士。

◆ 歷經高峰期，磨課師發展受限四主因

由於網路科技的進展，運算速度、聯網速度、頻寬與儲存容量都快速提升，大家對MOOCs的發展前景，都寄予厚望。但經過起始期、高峰期後，也發現推展MOOCs並不如預期順利，成效也不如預期的高，原因可能包括以下幾點：

1. 課程影片製作不易：MOOCs影片長度通常以10分鐘為原則，教師若要在10分鐘內將一個觀念講解清楚，須妥善規劃；製作的投影片，甚至需要動畫及各式圖表，且要避免侵犯智財權。投影片教材的製作、事前的演練，所需時間往往是實際影片產出時間數十倍以上，導致教師的錄製意願低。

2. 課程經營耗力耗時：由於MOOCs是互動式的線上課程，具備Q&A與即時討論的功能。學習者的提問，教師或助教必須定時瞭解並回應。課程的進展，也須依開課時程規劃，定期提供最新課程資訊、公布作業與考試訊息等，這些工作都增加教師的負擔。

3. 學生學習歷程的蒐集與分析費心費時：通常在校生選修校內實體課程，教師很難具體瞭解每位學生閱讀教材、做練習題、寫作業所花費的時間，但MOOCs的設計，學生在選修的課程中，對每個單元，包括影片、練習題或作業等項目所投入的時間及成效，平臺都可提供完整資訊。教師雖可藉此瞭解並掌握每位學生的學習狀況及歷程，但也必須費心費力，額外花時間分析瞭解。

4. 完課率不佳：修讀MOOCs的課程，如成績評量合格，都會核發修課證明書（或學分）。成績評量的項目，可以包括觀看影片的次數、做練

習題的次數（或比例），繳交作業、考試成績等。但很少學習者會持之以恆，按照進度或在規定時程內看完課程影片，並完成修課要求，大多只選擇需要加強或有興趣的單元。再者，並非每位學習者選讀課程是為了獲得修課證明書。有些課程時數太長（18小時），比照大學開課模式，也容易造成學習者，特別是社會人士，沒時間配合。以上種種原因，都是完課率不佳的原因。根據統計，免費的 MOOCs 課程完課率大約在 3-6%，很少超過 10% 者。此外，若採線上考試，也難確定上網答卷者即是申請修課證明書本人。

基於以上原因，MOOCs 課程的推動成效，並不如當初預期，以為新一代線上數位教學，可以風起雲湧，改變傳統的教學方式，翻轉學生的學習型態。雖然各知名大學都把推廣 MOOCs 課程作為發揮大學影響力、提升能見度及善盡社會責任的重要工程，且極力增加開設 MOOCs 課程，但師生的迴響並不夠熱烈。

大部分教師、學生仍習慣於實體課程，而教師更因為製作投影片、經營課程等所投入心力甚鉅，降低開課意願，師資難覓，也不易製作出質量俱佳的課程。這個現象，在台灣更為顯著。如前述，台灣的幾個 MOOCs 平臺所開設的課程，有相當高比例的課程流於形式，教材內容份量不足，很難與大學實體課程等值，連帶也影響學生修習意願，選課學生人數不多，以致 MOOCs 課程未受到足夠的重視，對數位教學的貢獻有限。

◈ 推微課程，學生自訂進度，提高完課率，減輕教師負擔

有鑑於此，國外的平臺也已逐漸轉型，改變運作模式，包括 edX 與 Coursera 等，許多課程改以「微課程」的形式推出，亦即不拘泥於一完整

課程，而是針對特定或單一主題，製作課程，縮短授課與修課時數，讓學習者在更短時間內，獲得應有的認識與概念。若再將各微課程「模組化」，也可加以組合，建構成一門完整的課程。每門微課程的完課率可望因此提高，教師工作量可減輕，而且也可分由不同教師負責不同微課程之授課，分工合作，達到更高效益。

另外一個作法，即是將上線或修課期間彈性化，藉由平臺功能的設計，讓修課學生依照其自訂的進度修讀課程。MOOCs原先對進度的設計，是依授課教師規定的進度，逐週推出新單元，學生應按其進度，觀看影片、閱讀教材、做練習題及繳交作業等。但修課的學生來自世界各地，背景不同，程度不同，求學環境亦不同，何況社會人士有其本職工作，可支配的時間可能較為有限，若要所有修課者都按統一的進度修讀課程，確實不易，也會導致完課率低。若將課程改由學生依其能力與時間，自訂進度（self-paced），但仍規定在一定期間內完成修課規定，確可提高學生完成修課的動機與意願，也符合自修自學的精神。

◆ 課程收費、給學分或學位，也是 MOOCs 轉型新趨勢

MOOCs 課程雖然強調以免費公益為主要精神，但大部分的平臺核發修課證明，通常會酌收費用。而為提高課程品質及提供互動與回饋服務，MOOCs 另一發展趨勢即是開設收費課程，這種課程的經營模式，其實也保障師生彼此的權益。

教師不能只靠熱誠來義務開課，畢竟教師有其知識產權，且須投入相當心力與時間，製作教材及經營課程，並確保學生的學習成效；而學生也須瞭解，知識的獲得並非免費，繳交學費也可促使學生珍惜學習機會，並

善加利用平臺功能及教師提供的授業與解惑，增進學習效益。一般而言，收費課程的完課率也相對提高，而平臺亦提供修課證明。

MOOCs 的另一重要發展方向，是核發正式學分或是授予學位。許多國外（包括中國大陸）的平臺，與開課大學建立夥伴關係，開課大學建立學分認證機制，可以承認學生在平臺所修讀的 MOOCs 課程，並核給學分，而其他夥伴大學亦可承認其學分，形成相互承認學分的聯盟。

因此，大學可利用平臺規劃學分學程或碩、學士學位之課程，學生可在平臺上課，修習學分或學位。甚至平臺亦可主動規劃學程或學位之套裝課程，由合作大學認可，或作為企業攬才及敘薪參考，亦即有相當的授權或保證。此類核發正式學分或授予學位的套裝課程，大都需要收費，讓開課大學及平臺雙方，均可受惠，也讓大學藉推廣教育增加收入與影響力，而平臺也因此建立口碑與權威。

以上各種轉型方式，已成為國外 MOOCs 的運作常態，也帶動 MOOCs 新的發展方向。但不可諱言，國內各大學及平臺對推展 MOOCs 的積極度及規模，遠遜於國外及中國大陸，特別是課程的深度與份量，實無法相比。MOOCs 既然是由大學所發起的線上課程，其功能與用途，即應提供與大學實體課程相等水準與質量的內容，讓學習者獲得與實體課堂等值的專業知識。

後疫情時代，磨課師改革將高教帶到新境界

2020 年由於爆發新冠肺炎（COVID-19），疫情迅速蔓延全球，世界各地各級學校紛紛關閉停課，改採線上授課，學生離開學校，居家上課。即使老師不擅長數位或網路教學，亦「被迫」不得不學習利用網路授課；

而習慣於實體課堂的學生，也「被迫」在網路上聽課、看影片、做習題、繳交作業，甚至考試。各級學校更「被迫」添購設備，提升網路基礎設施，並「開課」教導教師如何在線上教學；而政府部門更規範學校應能提供足夠線上資源，讓學習不中斷。

　　因此，數位學習不僅是教學的新型式，也因疫情發展，成為教育現場的新常態。換言之，在後疫情時代，數位學習必將改變傳統教學方式與教育體制，而由於資通訊技術的快速發展及 AI 興起，數位 / 網路教學勢必更為蓬勃，也勢必對教育體制帶來更大的衝擊及挑戰。大學作為各級教育的領頭羊，MOOCs 課程的變革，也將為未來的高等教育帶往另一新境界。

　　DeltaMOOCx 是台達電子創辦人鄭崇華先生基於企業社會責任及其個人感念求學過程中受到許多「好老師」的啟發與教導，而贊助設立的平臺，鄭先生承諾全力支持開設課程經費。每門課都有充裕的經費支持教授準備教材及錄製課程，並委由愛爾達的專業團隊負責影片的拍攝、剪輯與後製。為了支援教授經營課程，特別在清華大學設立計畫專案辦公室，負責聯繫、支援教授錄製課程、訓練助教操作平臺、宣傳推廣課程等。基金會與專案辦公室協力建置完整開課及後勤支援系統，以期教授們能夠在較優渥充實的資源下，參與課程製作，經營課程。

　　DeltaMOOCx 開設初期，即鎖定以大學自動化學程為主軸，建立課程地圖，並以各實體專業課程為依據，確立每門課應涵蓋之範圍與份量，讓每門課程都可與實體課程配合，且教材內容與份量，亦等同於對應之實體課，使學生真正能獲得足夠之專業知識。因此，充沛的資源加上扎實的規劃，實為推展 DeltaMOOCx 的重要關鍵因素。

　　另一個重要因素，即是在推動 DeltaMOOCx 時，即決定必須聚焦於特定學程。鄭先生有感於台灣產業轉型及面臨未來少子化的社會，生

產自動化必然是產業的發展趨勢，也是未來人才應該具備的能力，因此選定自動化學程為 DeltaMOOCx 的主軸。經過幾年來的努力，確也建立 DeltaMOOCx 課程的品牌及特色。

相較於台灣各大學開設的 MOOCs 課程，有許多是通識性質的課程，份量又稍嫌不足，而 DeltaMOOCx 的所有課程，均為專業課程，雖然每門課的製作成本較高，但確實將資源用在刀口上，可產生實際具體效益。

磨課師的發展自 2012 年開始，迄今已有 8 年歷史。國內外各大學及平臺，也累積相當多的經驗與心得，數位學習早已是大家公認的重要教學趨勢。特別是經過 COVID-19 的衝擊，在後疫情時代，線上學習（包括磨課師），已進入另一個新階段，值得大家一起關心，並投入更多資源，來迎接網路教學與線上學習時代的來臨。

⬡ 磨課師未來發展的 12 項建議：

基於國內外各 MOOCs 平臺的運作及課程開發的現況與趨勢，以及 DeltaMOOCx 深耕自動化學程的經驗及成效，未來磨課師的發展，若要發揮更大的功能與影響力，我們建議以下幾個面向供各界參考，也是 DeltaMOOCx 未來持續發展應注意的面向：

1. 課程內容要扎實

開設課程應妥為規劃。平臺上雖有不同領域與類別的課程，但課程名稱不宜五花八門，或流於譁眾取寵。無論是基礎課程或專業課程，內容應能與大學課堂授課內容等值，知識份量夠，含金量高，讓學習者真正受益，也才能據以認證正式學分。

2. 建立課程審核機制

國外許多課程的開設，需要經過學校的審核與推薦才能上線，而中國大陸教育部更審定「國家精品課程」，並定期重新評審。這種作法確能保證磨課師課程品質，讓學習者修課成效獲得保障。國內開設磨課師課程，實宜有開課前的規劃及課程內容的審查，包括影片、練習題、作業及試題等，確保課程的質與量，名實相符。

3. 課程宜有滾動修正的機制

課程上線後，其內容的正確性與妥適性，若能持續追蹤，往往會發現有修改的必要，因此，開課教師應能從學習者的回饋意見進行必要修正。此外，科技的發展及時空環境改變，部分內容亦可能過時或落伍，有必要定期審視、更新，與時俱進。

4. 落實課程經營與管理

磨課師課程，非常強調互動式的教與學，教師或助教應能儘速回應學生線上的提問，甚至參加即時討論，落實線上的互動，作業的修改與評分亦應兼顧時效。此外，應能善加利用平臺的分析功能，瞭解學習者的學習歷程。透過數據分析，瞭解個別學生的學習狀況與成效，並適時調整課程內容與授課方式，達到實體課程的效果。

5. 增開實驗或實作課程

理工科有許多課程須透過實驗或實作，才能真正瞭解其原理與應用。但一般的磨課師課程以理論居多，若能透過影片將實驗或實作過程，帶入教學，將可加深印象，增進瞭解。以自動化課程而言，主要應用在生產製程，需要將實作或現場實務作成影片，引導學生，培養實作能力。

此外，修習磨課師課程的學生，有相當比例來自業界，無法像在校生進入實驗室或實習工廠。若能增開實驗或實作課程，或引用 VR （虛擬實境）、AR（擴增實境）等技術，可大幅提升學生學習效果。

6. 設計微課程或引入大師演講

磨課師課程的影片，因為經過縝密規劃，教材亦為精心製作，將每個重要觀念濃縮在 10 分鐘完成講解，相當緊湊。學習者須極為專心觀看影片，甚至反覆觀看，才能充分瞭解，跟上進度；同時也須花更多時間，閱讀相關教材或查看其他資料，學習的總時間也因此遠超過實際觀看影片的時間。

若一門課程影片時數太長，學習者很難有足夠時間修讀，容易中斷學習，這也是低完課率的原因之一。此外，學習者可能只須學習整個課程其中的一部分，而非全部內容。若能將課程適度裁切為數個微課程，或另行規劃微課程，縮短每門課的影片時數，應可提高學生的修讀動機及成效。此外，若能針對課程主題，或熱門新興議題，引入類似 TED 的大師精彩演講，亦可吸引學生，提高學習熱情。

7. 授課教師多元化

科技發展日新月異，理工類課程最新的知識與設備，可能要藉助業界的專家，才能提供更好更新的教材。即使是管理或人文社會科學的領域，新科技的導入，也可能改變習知的觀念；帶進新的管理模式或學習方法，需要引進校外有實務經驗的專家學者，參與製作課程。因此，授課教師應不侷限於大學校園內的教授，亦可鼓勵教授邀請業界專家聯合開課。

此外，課程亦可善用助教或優秀學生，從學生的角度，以同儕的語言，針對學生不易瞭解的困難點，現身說法，拍攝補充影片，相互觀摩，亦可達到增進學習成效的目的。

8. 鼓勵合開課程或跨校跨國的課程

開設磨課師課程，對教師而言，的確是耗時耗力，相當大的負擔。若能結合不同專長的教師，聯合開課，不僅減輕教師負擔，亦可將課程內容作最佳闡釋，讓學生受益更多，所以必要時可考慮合開課程。

若能聯合外校教師一起開課，共享資源，可增進校際交流，並讓更多學生受惠。尤其知識無國界，若能促成跨國合開課程，學生不須出國，即可獲得國際化教育的經驗，並可在課程平臺與國外師生互動交流，一舉兩得。

9. 磨課師與 SPOC 結合

磨課師的屬性，是針對線上眾多的使用者提供開放式教材，開課教師

須照顧所有知名或不知名的「線上學生」。雖然修課人數愈多，成就感也越高，但負擔也愈重。對大多數教師而言，我們並不期望每個人都能開設磨課師課程，經營數以千百計學生的課堂，而是要聚焦在其應盡的實體授課，讓學生獲得最新最扎實的教育。

由於磨課師的教材（包括影片）可輕易在國內外平臺取得，若教師能在課堂引用磨課師的教材，並利用磨課師平臺或其他可自由利用的平臺，經營其班級的 SPOC，教師不僅可擴增其授課內容的深度與廣度，並可利用平臺與學生互動，提供課後輔導與諮詢，並瞭解個別學生的學習狀況，追蹤學習成效。MOOCs 與 SPOC 的結合，實為未來教學方式的重要趨勢。

10. 鼓勵教師指定或撰寫教科書

台灣的教育制度，長期以來都是「考試領導教學」，且升學考試多以選擇題為主，學生習慣於背誦片斷式的知識，再將之堆砌為學科知識，喪失對知識結構及其連貫性的瞭解，也缺乏邏輯性的思考與辨證能力，實是台灣教育的隱憂。

磨課師課程大都透過簡報（投影片）的方式，提綱挈領，重點講解，較不易深入解說。若學生的學習，只限於觀看影片及教師提供的教材講義，實無法深入瞭解其知識結構，亦難將知識的節點串接成整體知識的全貌。因此，若能指定教科書，甚至撰寫教科書，透過文字的描述，讓學生經由仔細閱讀與思考，印證教師的授課內容，將可達到更佳的學習成效。

11. 課程平臺的持續改善與提升

由於資通訊技術快速進步，電腦運算與網路傳輸速度越來越快，網路頻寬及數據容量越來越大，再加上大數據的分析及人工智慧的導入，磨課師平臺的功能將會持續擴充，不僅可容納更多人在線上進行互動交流，且可透過智慧化的設計，替每個學習者量身打造各自的學習與評量方式，並記錄其學習歷程；而以大數據分析學生的學習模式，也可累積歷次開課的教與學的資訊，隨時回饋給師生，作為教與學的參考資料。

因此，透過平臺功能的持續提升，將可強化課程的動態性，活化課程的互動性及加速資訊的傳遞，讓網路課程的教學效果，趨近實體課程，甚至超越實體課程。未來磨課師的發展遠景，藉平臺功能的擴展，將有更多可能。

12. 建立學分、學位的認證制度

由於目前台灣的教育單位尚未建立磨課師課程的學分認證制度，學生修習磨課師的誘因不高，完課率也不高。磨課師常被視為實體課程的補充教材，不受師生重視，這是台灣近年來推動磨課師的瓶頸與困境。

其實製作一門品質佳、份量足的磨課師課程，對教師而言，花費的力氣遠比教實體課程高出甚多，若再加上透過平臺經營管理課程，又增加額外的負擔。對學生而言，磨課師的影片，皆為課程的精華，且步調較實體課程緊湊，對每個單位內容所需花費的學習時間，遠較實體課程多。

磨課師影片時數的授課份量，因此不等同於實體課程的上課時數；而學生的學習時數，也不能以觀看影片的時數計算，而應考量觀看影片之外

所需自修的時數。

雖然教育界提倡數位教學已經二、三十年，但大部分學校及教育主管機關仍未正視數位教學的重要，未能將數位教學納入正規教學的一環，迄未建立學分的認證制度。COVID-19 疫情的發生，已「迫使」世界各地、各級學校利用網路授課、遠距教學等方式，取代傳統實體教室授課，使正常學制得以延續。

後疫情時代，教育當局及各級學校，實有必要重新省思，賦予磨課師應有之位階，積極推動學分，甚至學位認證。此舉不僅將翻轉傳統的教育體制，也將激發新的教學能量，改變人才培育的模式。

且如前述，磨課師課程學分的認證，不宜以其影片授課時數直接轉換為學分數，而應透過審核品質與份量，及學生所需的學習時數為基礎，核計其應有學分數。若各大學能儘快建立磨課師的學分認證機制，相信磨課師將在未來的教學與人才培育，扮演非常重要的推手，發揮巨大效益。

附錄

課程內容簡述

DeltaMOOCx
開放公益平台

　　DeltaMOOCx 自 2015 年 2 月，推出第 1 支課程影片迄今，每學期都有新課程加入，至 2020 年已開設 32 門課程。茲依課程上線時間之順序，略述各課程內容如下：

1. 數位信號處理器

　　數位信號處理器是一種功能強大且執行效能高的微處理器，具有即時處理、省電及體積小等特色，是實現電子產品快速發展的核心驅動力。本課程介紹數位信號處理的基本理論與實務操作，採用美國德州儀器 C2000 數位信號處理器 / 微控器進行編程與示範，兼顧理論與實作。

2. 微算機原理及應用（I）

　　本課程以基礎簡單的 8051 微處理機為例，讓學生瞭解微處理機的工作原理與周邊裝置的控制方法，包含 CPU 架構、組合語言和 C 語言程式設計、記憶體存取與規劃、輸出入介面和周邊硬體電路等，並藉由實例展示、說明，讓學習者能夠具有設計微算機系統的能力，以 8051 打好基礎，未來可以較容易延伸到各種微控制器的學習。

3. 微算機原理及應用（II）— LC-3

本課程講解簡單、易學，只有 15 個指令的微處理器 LC-3。學習者可學到使用機器碼與組合語言撰寫程式，並在模擬器上執行，且理解計算機如何使用動態堆疊執行程式與基本的輸出入機制。此外，本課程使用一個 FPGA 開發板，學習者可下載 LC-3 軟核心及程式至開發板，處理器可用 PWM 控制馬達，讀取 I2C 光感器之數值，製作一台沿線行走的自走車。

4. 嵌入式系統（I）

本課程介紹嵌入式系統的硬體架構，並以瑞薩電子 RX62T 為例，藉由新一代程式碼產生器（code generator），節省查閱操作手冊時間，將時間與精神專注在系統設計，以及嵌入式系統內建周邊的使用與協定；同時，熟悉所需發展的工具與技巧，讓學習者具有使用嵌入式系統硬體的實務能力。

5. 嵌入式系統（II）

本課程先介紹嵌入式環境即時作業系統的基本原理，以 C/OS-II RTOS（即時作業系統）為例，說明撰寫多工程式與其注意事項，瞭解多工程式環境下，中斷與 Task（作業）或 Task 與 Task 之間如何同步與溝通；並藉由 32x32 點矩陣 LED 顯示設計實例與相關應用實例，引導學習者於硬體面上設計驅動電路，於軟體面上分析系統功能；並藉由多個 Task 設計與 Semaphore（信號）、mail box 等 IPC（工業電腦）機制互相合作，完成系統功能。

6. 自動化工程導論

自動化工程是整合機械、控制、電機、電子、資訊、製程管理的跨領域工程。本課程涵括自動化系統的發展、系統中之重要元件與設備，及相關技術與整合應用。學習者除可瞭解自動化領域中之關鍵詞及相關技術與應用，亦有助取得自動化工程師證照。

7. 自動控制

本課程首先介紹控制系統的基本架構及原理，再進一步介紹所使用的數學基礎，包括拉氏轉換及其基本定理，以及針對各種不同系統建立傳輸函數和狀態變數，並就不同之輸入信號，分析其輸出響應曲線，探討各種系統之響應特性及其穩定性。其次，討論線性系統的穩定度分析，包括控制系統時域暫態分析與根軌跡分析，再進入頻率域分析。控制系統設計單元，則介紹回授控制系統設計的基礎概念，回授控制器設計，並進行永磁式直流馬達控制實驗。最後，則探討狀態變數基礎理論、可控制性與可觀測性狀態回授控制設計與觀測器設計等。

8. 工業自動化控制元件設計與應用

本課程介紹工業自動化基本控制元件的設計基本觀念、使用方法與應用規劃，內容包含人機介面裝置（human machine interface, HMI）、可程式邏輯控制器（programmable logic controller, PLC）及交流伺服馬達（AC servo motor）。由自動化系統的觀點出發，從操作人員使用人機介面輸入命令與獲取資訊開始，介紹如何規劃各項裝置而得以改變自動化系統或設備的動作或行為；利用 PLC 進行資料的判斷與計算，並改變輸出訊號控

制驅動裝置；再藉由通訊協定的資料溝通，進行功能整合，完成系統功能。最後，教導交流伺服馬達的基本使用，建立驅動設備機構運動基礎元件的觀念。本課程也安排各元件之操作示範、實作練習，學習者可另行報名參加實作及測驗。

9. 從信號與系統到控制

本課程主要說明一個系統重要變數的信號函數與系統操作工具，進而討論如何改變或控制這些系統特性，以獲得理想的系統響應。內容包括線性非時變系統與摺積計算操作、針對週期性信號的傅立葉級數、針對連續時間與離散時間非週期信號的傅立葉轉換、分析連續時間系統的拉普拉斯轉換、分析離散時間系統的 Z- 轉換，以及其他數學工具。

10. 可程式控制系統應用

本課程主要採用台達 AH500 系列可程式控制器（PLC），以全面模組化設計，開發進階功能，並採用高度整合的軟體介面，完美演繹自動化系統。課程中介紹各模組的使用方式、範例說明、程式撰寫及實際操作。在 AH 系統架構中，至少包含一個主背板、一個電源模組與一個 CPU 模組，主機即可進行規劃與運作；軟體部分，則會使用到可程式控制軟體（ISPSoft）、通訊軟體（COMMGR）、運動控制模組軟體（PMSoft）及人機介面軟體（DOPSoft）等。相較於以往的 PLC，容易安裝，程式簡單易懂，可快速上手。

11. 機器人學

本課程主要講授工業機器人須具備的知識，如機器人的坐標轉換、運

動學分析與軌跡規劃、動態系統分析與力量控制方式等，作為深入機器人技術研究與應用的學習。課程重點亦包含獨立關節控制及機械手臂之動力學、多軸控制、自動化系統實驗。最後章節則安排台達 SCARA 機械手臂系統之介紹及實驗示範。

12. 數位影像處理

本課程為數位影像處理的基礎課程，學習者可據此瞭解數位影像的基本原理及應用技術，進而可以整合機器視覺與自動化，達到智能化的目的。課程內容包括數位影像基礎概念、強度轉換與空間濾波、頻率上濾波、型態學影像處理、影像表示與描述、影像分割及彩色影像處理等。

13. 感測器之原理及應用

本課程介紹各種感測器之原理，包括溫度感測器、壓力感測器、位移感測器、近接感測器、光電感測器、流量感測器、氣體感測器、全球導航衛星接收感測器等；並探討各種感測器之使用方法和測試電路，包括前置電路之設計、ADC 和 DAC 轉換電路之原理，及規劃感測系統之通訊介面。最後，討論感測系統中提高偵測之理論，亦即多重感測之融合理論。

14. 工業 4.0 導論

工業 4.0 是德國為持續其製造業領先地位所提出的發展願景，其核心為網宇實體系統（cyber-physical system, CPS）和物聯網，將資通訊技術與實體設備、環境及程序結合，達到智慧製造與智慧工廠。本課程為工業 4.0 的入門介紹，除了網宇實體系統與智慧機器人兩個主要議題外，亦包含智慧工廠、雲端製造、大數據分析、預測性維修、智慧製造等相關議題，

以期對工業 4.0 整體領域建立初步瞭解，並應用於產業創新。

15. 工業電子學

本課程介紹工業電子學的基本概念與應用，包括電子控制的構成、電晶體的應用、功率控制、On-Off 控制、相位控制以及活用 OP 放大器等，以期瞭解產業界或民生用家電的基本電路與電源迴路之運用。另每章安排「電路實驗」。

16. 自動化系統設計與實務

本課程先介紹自動化工程的發展與影響，再進入元件、信號圖及行為，以建立自動化設計之基本概念。其次，將各種自動化組件予以分類，分析其特性及動作情形，並以實例進行說明。瞭解不同特性間之關連後，再擴大到整個控制圈之應用，探討穩定度及各項自動控制器之優缺點。最後，透過自動控制器實驗模組，先介紹比例、微分、積分器及 PID 控制馬達，再以實體接線圖、電腦模擬及示波器波形，瞭解控制系統的設計與分析。

17. 機構設計與應用

「機構」為自動化機械系統組成的基本架構，若自動化機械或機器人有優良的機構作為骨架，則該系統將具有優良的性能，如定位精度、機械強度、能源效率等。本課程係介紹機構設計的基本概念及其自動化系統之應用。首先闡述機構的定義與組成方式，及其於自動化機械系統扮演的角色，然後介紹常使用於自動化機構的機械零組件，再說明自動化機構基本種類、設計與應用。最後，並提供數個機構設計應用於機器人的範例。

18. 氣液壓概論

　　自動化的初始技術，即是將氣壓與液壓導入生產設備，進而以可程式控制技術，配合氣液壓動力，使生產更具競爭力。本課程簡單介紹氣液壓動力與控制，內容包括氣液壓基本原理、各種元件及基本控制迴路的介紹與設計，以及氣液壓在若干領域的應用。本課程不涉及進階的計算與元件的選擇，惟期望學習者對氣液壓動力與控制有基本瞭解，進而與機構設計結合，應用於實際工作中。

19. 數位電路設計

　　本課程首先介紹數位系統與數值系統，再由基礎的邏輯閘談起，講解數位電路的數學理論基礎及應用，包括數位邏輯、布林代數、布林函數的實現與化簡，並介紹常見的組合邏輯與循序邏輯電路。最後進到系統設計最重要的概念—狀態機，講解有限狀態機的分析與設計。課程中配合實例的解說及操作，加深對原理與功能的瞭解。

20. 電機機械

　　本課程內容包含基礎原理、電路模擬、運轉特性等。具體而言，電機機械涵蓋變壓器的原理與等效電路、三相變壓器、自耦變壓器、電感設計、機電轉換、三相感應機、單相感應機、步進馬達、直流發電機與電動機、同步發電機原理與特性曲線等。本課程同時示範旋轉電機之實驗，並介紹其他特殊馬達。綜合言之，本課程以知識、構造、統整、應用四個面向，傳授電機專業人員所需具備之基礎電機機械原理與運轉特性。

21. 機動學

機動學係「機構運動學」的簡稱，課程內容主要介紹機構的特性、構造分析及輸入元件與輸出元件之間的運動分析（包含位置、速度及加速度分析）。介紹的機構以平面機構為主，而運動分析主要包括連桿組和齒輪系。藉由瞭解機構的特性、構成及其桿件間的運動關係，奠定機構與機器設計（合成）的基礎，並可以檢驗現有機構與機器設計的正確性，尤其是輸入與輸出元件之間的運動關係。

22. 電力電子導論

本課程主要探討電力電子在電壓電流之能量轉換與控制上的應用，將交流或直流電源轉換成適當之電源，供給負載及其控制。因電力電子在電能轉換上具有較高之效率，並利用電子元件取代傳統之機械式開關，可提供較靈活之控制變化性、較少之維護及較廣之操作範圍等。課程首先介紹電力電子的相關背景知識及電子元件特性，再介紹不同轉換電路，包括不可控整流電路、單相及多相可控整流電路、直流升降壓電路、電壓型及電流型換流電路、複合式電力轉換電路等。

23. 智慧商務導論

本課程針對零售業現況與發展趨勢、智慧物流及智慧金融等三大主題，進行簡介與分析，使學生理解未來商業活動與智慧科技環境整合，可能帶來的新營運模式與科技概念。課程首先介紹大數據及應用案例與分析、電子商務工具與運用、物聯網發展與應用、消費者購物行為分析，再進入智慧物流的產業需求、商業模式、作業管理、資通訊應用。而智慧金

融則包括大數據分析、支付、貸款、財富管理、交易市場。

24. 動力學

本課程內容包含原理介紹及實際運用。首先介紹動力學的基本概念與原理，並輔以案例，提高學習興趣。其次，討論質點運動學，提供範例，使學習者能有效學習動力學原理。接著介紹質點運動力學的概念，包括力與加速度、功與能、衝量與動量。再討論剛體平面運動學與剛體平面運動力學，輔以衝量與動量的動畫影片。最後，闡述振動，包含自由振動、強迫振動、無阻尼振動、阻尼振動和能量方程式之應用。

25. 二維自動化光學檢測及應用

自動化光學檢測與量測係自動化生產線極重要的一環，機器視覺系統所需的輸入資料，均須依賴架設光學系統取得。本課程首先討論如何針對拍攝的物件特性做最佳的光學系統設計，以成功達到自動化光學檢測應用的目標。其次，就所需用到的影像處理技術擇要複習，包括影像的濾波分割、二值化、幾何轉換、形態學及特徵。接著介紹影像匹配法，探討檢測影像中的特徵點及利用特徵點達到最佳匹配，使影像在移位、旋轉及尺寸變化時，均能匹配成功。再接著介紹市面上兩種工具軟體，包括 Halcon 及 Open CV，並針對各種分類器之設計及特徵詳細討論。本課程最後以實例說明自動化光學檢測（AOI）在產業的實際應用。

26. 電機控制

電機控制在產業自動化、機器人及智慧機械等領域扮演極重要角色。本課程是一門高度整合的課程，學習者須先熟悉電動機原理、電力電子、

感測器、控制理論、控制演算法及微控制器等相關技能。課程涵述各類電動機之特性、控制器設計方法及應用實例等三大部分。具體內容包含直流電動機控制、直流無刷馬達控制、線性馬達控制、步進馬達控制、交流馬達驅動控制、旋轉型及線型感應馬達之驅動與控制、旋轉型及線型同步馬達之驅動與控制等。

27. FPGA 系統設計實務

FPGA 為可重複規劃電路架構的晶片，藉由個人電腦將電路佈局燒錄至 FPGA，即可完成電路的製作。學習者可藉由快速的 FPGA 電路實作過程瞭解整個數位積體電路設計流程，並學習系統設計概念，控制周邊元件，完成實用的電路系統。本課程是進入數位積體電路設計產業的入門磚，內容包括數位積體電路設計流程、以硬體描述語言編寫正確的暫存器轉移階層程式碼（RTL code），並介紹系統設計方法（包括資料處理單元、控制單元、高階狀態機的呈現）、展示實際操作 FPGA 電路實作過程及系統設計範例。

28. 機械設計 - 結構與電腦輔助設計

本課程目的在為學習者建立一個「機械設計工具箱」，使學習者能夠接觸到各類不同的設計方法與工具，並獲得正確的基本概念，正確使用這些設計工具，並能自行深入探索。課程首先完整性地討論「設計程序」，接著從設計幾何模型的建構，到結構設計與分析的基本概念，逐漸深入到電腦輔助分析，以及利用電腦輔助分析結果，進行最佳化設計，並且以一個籃球架結構設計作為實作實例，貫穿所有結構設計工具。最後並討論結構振動的問題及結構設計剛性上的考量。

29. 機械設計 - 機構與機電整合設計

本課程目的在為學習者建立一個「機械設計工具箱」，使學習者能夠接觸到各類不同的設計方法與工具，並獲得正確的基本概念，正確使用這些設計工具，並能自行深入探索。課程首先討論設計的概念與創意思考，接著從介紹傳動元件到機械設計與分析，逐漸深入到電子零件與感測元件，以及細部設計的考量，最後介紹氣液壓系統的應用。除理論講授外，本課程亦以「九宮格投籃機器人」設計實作計畫串聯整學期的內容。學習者可以實際製作投籃機器人，獲得完整的機電整合設計概念與工具。

30. 智慧型控制系統

智慧型控制系統是一種使用各種基於人工智慧計算方法的自動控制系統，它可以模仿人類思維，通過將不完整的信息與專業知識相結合來實現系統最佳響應。本課程涵蓋計算智慧三大主軸：模糊邏輯、進化演算法、類神經網路，並應用於自動控制系統。首先介紹模糊集合與模糊邏輯，並建立模糊推論系統，再透過 Matlab 軟體模擬，實現洗衣機、冷氣機、倒車入庫與機器人之模糊控制。其次，介紹 T-S 模糊模型與建模方式，包括平行分布補償之控制器設計與李亞普諾夫穩定定理，並介紹 Matlab 軟體之 LMI 工具箱，用以求解控制器之增益。

31. 電磁學（一）

電磁學統合電與磁的觀念，是近代物理中發展狹義相對論的重要根據之一，而電路學、電子學、半導體物理、天線工程、光電元件等，均係以電磁學為基礎所發展的學科。電磁學（一）的內容涵蓋靜電學、靜磁學及

隨時間變化的電磁耦合現象。本課程先複習向量微積分及複變函數，將重點放在物理圖像的理解，再按靜電學、靜磁學、時變電磁耦合之順序，逐一介紹。靜電學先從電荷、電場、電位、及電能的概念出發，導入電路相關的元件，如電阻及電容等，再引出電路學的基本理論；靜磁學先從磁場及磁向量勢的觀念出發，再討論磁電路、磁能等之計算。最後將電磁場加入時間變數，電與磁的概念即統一在馬克斯威爾方程式的理論架構中。

32. 電磁學（二）

　　電磁學（二）先複習馬克斯威爾方程式，將重點放在電磁的波動現象。之後，依序介紹平面電磁波、傳輸線、波導及共振腔，最後以天線作總結。平面電磁波著重於波前、頻率、波長、波阻抗、空間方向性等基本概念；波導管是電磁波傳輸線的一種，為避免複雜的電磁空間向量造成學生學習波動傳輸時的困難，將先用交流電壓及電流介紹傳輸線的基本特性；接著再到電磁空間向量場，學習電磁波碰到物質邊界時的反射、穿透及折射等物理現象。最後討論天線物理及工程，包括電磁波之傳送及電磁訊號之接收。

2014.2	基金會開設「台達磨課師」第一次籌備會議。
2014.3	基金會開設「台達磨課師」第二次籌備會議。
2014.5	基金會與臺北科大、臺灣科大、雲林科大共同決議，成立聯盟，推動「台達磨課師自動化學程」課程計畫。
2014.7	①聯盟決議設立「課程審議委員會」及「課程規劃委員會」。 ②基金會與國家教育研究院合作，共同辦理三天兩夜工作坊。 ③基金會與捷鎏科技公司簽約使用 ShareCourse 平臺。
2014.8	①基金會與臺北科大、臺灣科大、雲林科大簽約，正式成立合作聯盟。 ②基金會與愛爾達科技公司簽約，委託錄製「台達磨課師」課程影片。 ③「課程規劃委員會」訂定自動化學程課程地圖。
2014.10	①清大專案辦公室成立。 ②「課程審議委員會」訂定「磨課師課程設計原則」。
2015.2	基金會與國家教育研究院合作，共同辦理二天一夜工作坊。
2015.3	第 1、2 門課上線。
2015.8	2015 年「DeltaMOOCx 自動化學程」教師研討會。
2016.2	第 10 門課上線。
2016.8	2016 年「DeltaMOOCx 自動化學程」教師研討會。
2016.10	捐贈雲林科大設立「機電整合實驗中心」。

2017.4	「DeltaMOOCx—讓好老師的影響無遠弗屆」獲第 13 屆遠見雜誌 CSR 社會責任獎之「傑出方案—教育推廣組」楷模獎。
2017.8	① 2017 年「DeltaMOOCx 自動化學程」教師研討會。 ② 台達電子獲「天下企業公民獎」大型企業組首獎，得獎內容包括推動 DeltaMOOCx 線上學習平臺。
2017.9	第 20 門課上線。
2018.3	DeltaMOOCx 自動化學程影片總觀看次數超過 100 萬。
2018.4	捐贈臺北科大設立「台達智慧製造與機械手臂實驗室」。
2019.4	DeltaMOOCx 自動化學程影片總觀看次數超過 200 萬。
2019.9	第 30 門課上線。
2019.10	KPMG 完成 DeltaMOOCx 之公益投資社會報酬 (SROI) 評估，自動化學程之 SROI 為 9.82。
2020.1	DeltaMOOCx 大學新平臺上線。
2020.3	DeltaMOOCx 自動化學程影片總觀看次數超過 300 萬。
2020.7	攜手臺灣科大成立「聯合研發中心」。
2020.8	加入 OpenEdu 為夥伴平臺第一次籌備會議。
2020.12	加入台灣磨課師 (Taiwan MOOC) 策展網站。
2020.12	DeltaMOOCx 自動化學程影片總觀看次數超過 400 萬。
2021.1	出版《線上學習新視界 - 大學篇》專書。

台達磨課師 DeltaMOOCx 自動化學程課程資料

開設學年學期：█：103 ／█：104 ／█：105 ／█：106／█：107／█：108 ／█：109

序號	類別	課程名稱	開課年級	授課教師	首次上線	課程影片時數
1	微算機及電腦輔助	數位信號處理器	U2	林顯易(北)	103下	17小時
2	微算機及電腦輔助	微算機原理及應用(I)	U2	林淵翔(臺)	103下	10小時
3	微算機及電腦輔助	微算機原理及應用(II)—LC-3	U2	黃永廣(雲)	104上	7小時
4	微算機及電腦輔助	嵌入式系統(I)	U4	洪崇文(雲)	104上	10小時
5	微算機及電腦輔助	嵌入式系統(II)	U4	張慶龍(雲)	104上	7.5小時
6	電力與自動化	自動化工程導論	U2	蔡明忠、李敏凡(臺)、蔡裕祥(華夏)	104上	19小時
7	電力與自動化	自動控制	U2	蘇國嵐、毛偉龍 (雲)葉賜旭、蕭俊祥(北)	104上	18小時
8	電力與自動化	工業自動化控制元件設計與應用	U3	曾百由 (北)	104上	19小時
9	電力與自動化	從信號與系統到控制	U2	蘇順豐(臺)、連豊力(臺大)	104下	18小時
10	電力與自動化	可程式控制系統應用	U4	蘇國嵐(雲)、鄒杰烔(虎尾科大)	104下	15.5小時
11	影像應用、機器人、機械設計等應用	機器人學	U4	林志哲、林顯易、蕭俊祥、葉賜旭、曾百由(北)	104下	18.5小時
12	影像應用、機器人、機械設計等應用	數位影像處理	U4	陳金聖、陳永耀、吳昭正、黃正民、許志明(北)	104下	17小時
13	電力與自動化	感測器之原理與應用	G	蘇國嵐、洪崇文、毛偉龍(雲)	105上	19小時
14	基礎課程	工業4.0導論	U1	周碩彥、郭重顯、李維楨(臺)	105上	21.5小時
15	基礎課程	工業電子學	U2	許東亞(北)	105下	18小時
16	電力與自動化	自動化系統設計與實務	U4	蘇國嵐、毛偉龍(雲)	105下	18小時
17	影像應用、機器人、機械設計等應用	機構設計與應用	U3	郭進星(臺)、蔡裕祥、汪清國(華夏)	105下	12小時

序號	類別	課程名稱	開課年級	授課教師	首次上線	課程影片時數
18	影像應用、機器人、機械設計等應用	氣液壓概論	U3	嚴孝全(北)	106上	18小時
19	微算機及電腦輔助	數位電路設計	U3	蕭宇宏、洪崇文(雲)	106上	22小時
20	電力與自動化	電機機械	U3	連國龍(臺)、王孟輝(勤益科大)	106上	18小時
21	影像應用、機器人、機械設計等應用	機動學	U2	陳正光(北)	106下	18小時
22	電力與自動化	電力電子導論	U3	郭政謙(臺)、李俊耀(中原)	106下	9小時
23	基礎課程	智慧商務導論	U	楊朝龍(臺)、蔡坤穆、歐宗殷、李臻勳(高雄科大)	106下	18小時
24	基礎課程	動力學	U2	林柏廷、許丁友(臺)	107上	18.5小時
25	影像應用、機器人、機械設計等應用	二維自動化光學檢測及應用	G	吳先晃(雲)、陳金聖(北)	107上	9小時
26	電力與自動化	電機控制	U3	魏榮宗(臺)、李政道(虎尾科大)、王孟輝(勤益科大)	107上	19小時
27	微算機及電腦輔助	FPGA系統設計實務	U3	蕭宇宏(雲)	107上	22小時
28	影像應用、機器人、機械設計等應用	機械設計－結構與電腦輔助設計	U3	徐業良(元智大學)	107上	11小時
29	影像應用、機器人、機械設計等應用	機械設計－機構與機電整合	U3	徐業良(元智大學)	107下	12.5小時
30	電力與自動化	智慧型控制系統	G	余國瑞(中正大學)	108上	21小時
31	基礎課程	電磁學(一)	U2	黃衍介(清華大學)	108上	17小時
32	基礎課程	電磁學(二)	U2	黃衍介(清華大學)	109上	18 小時

類別	大一	大二
基礎課程	物理 C程式語言 微積分 工業4.0導論-105 智慧商務導論-106	工程數學 計算機程式與應用 圖學 電路學 電子學 數位系統設計 基礎電子電路實習 數位邏輯設計實習 動力學-107 電磁學(一)、(二)-108、109 工業電子學-105
電力與自動化課程		從信號與系統到控制-104 自動化工程導論-104 自動控制-104
微算機及電腦輔助課程		數位信號處理器-103 微算機原理及應用(I)-103 微算機原理及應用(II)—LC-3-104
影像應用、機器人、 機械設計等應用課程		機動學-106

大三	大四	研究所
	現代控制導論	
控制系統實習 DSP和數位控制 電機機械-106 工業自動化控制元件設計與應用-104 電力電子導論-106 電機控制-107	機電系統整合控制與實務 自動化感測與控制 馬達控制 可程式控制器應用-104 自動化系統設計與實務-105	模型預測控制 運動控制 數位控制 精密運動控制 進階電力電子電路設計實務 永磁電機設計 電動機驅控制系統的進階理論與應用 智慧型控制系統-108 感測器之原理及應用-105
應用電子學 數位電路設計-106 FPGA系統設計實務-107	電腦輔助機構分析 電腦輔助應用 嵌入式系統(I)、(II)-104	
機械設計-結構與電腦輔助設計-107 機械設計-機構與機電整合設計-107 氣液壓概論-106 機構設計與應用-105	機器人學-104 數位影像處理-104	影像伺服控制 機器視覺 齒輪原理與應用 容差設計 二維自動化光學檢測及應用-107

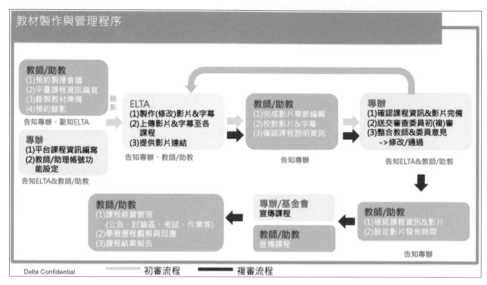

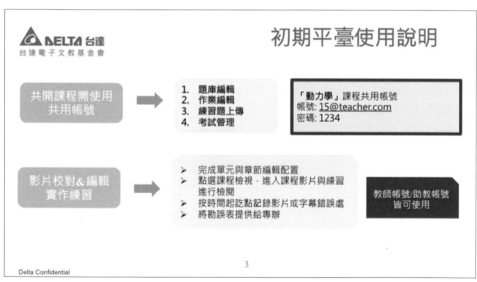

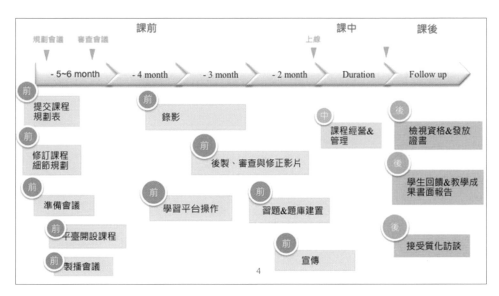

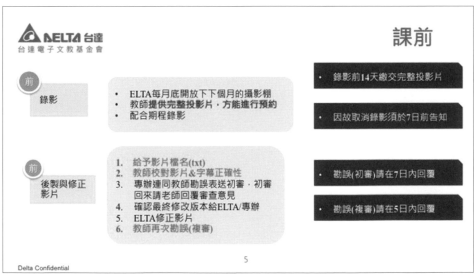

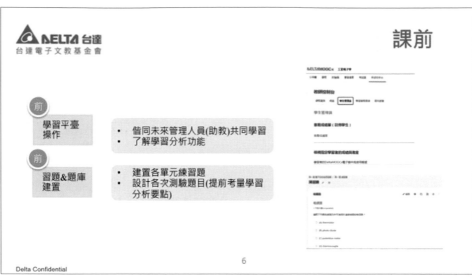

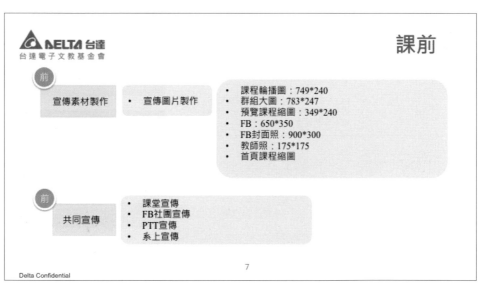

課中

課程經營&
管理

- 指派助教(理)管理課程
  1. 按規劃時程自行發布影片
  2. 利用公告/虛擬討論室等功能與學生互動
  3. 於討論區回應學生問題
  4. 不定期補充新知或教材於公告區
  5. 如後續有字幕需訂正，請自行修改上傳並提供給專辦備份
- 實作課管理
  1. 雲端學生出席管理
  2. 使用硬體管理

SUCCESS

上線前字幕會由ELTA團隊協助修訂，上線後如持續發現細部錯誤，須請助教自行修改。

學習歷程觀察與回應

- 舉行線上測驗/作業
  1. 按學習分析功能，設計題目作為學生學習進度監測
  2. 檢討測驗結果作補充資訊公告
  3. 記錄資訊作為下次課程修正基準
- 實體課程反饋
  1. 如教師開設實體課程，可觀察學生進度，反饋資訊於雲端

Delta Confidential

課後

檢視資格&
發放證書

- 總助教(理)確認學生取得證書資格
- 整理名單提供專辦印製寄送

ΔELTAMOOCx Certificate

NO. 000000001

This is to certify that

Xia-Ming Wang

has successfully completed 9 hours of the course

Microcomputer Principles and Applications

offered by Dr. Yuan-Hsiang Lin, Professor of National Taiwan University of Science and Technology through DeltaMOOCx from March 1 to May 18, 2015.

Issued Date: May 31, 2015

學生回饋&教學成果書面報告

- 教師&專辦合作設計線上發送課程調查問卷(期末問卷)
- 教師提供書面結案(檢討與建議)
- 專辦將問卷結果與課程分析提供給教師

接受質化訪談

- 課程結束後一個月內，接受基金會&專辦訪談
- 專辦將上述質量化分析整理提供給教師&課程委員

Delta Confidential

9

證書樣本-發送紙本中&英文版

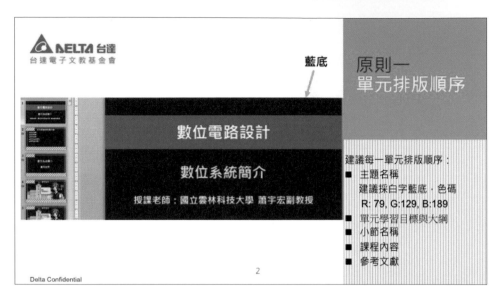

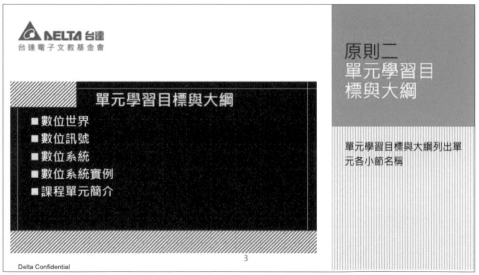

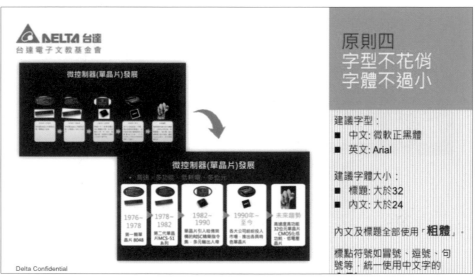

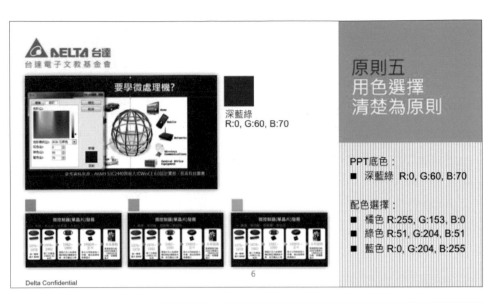

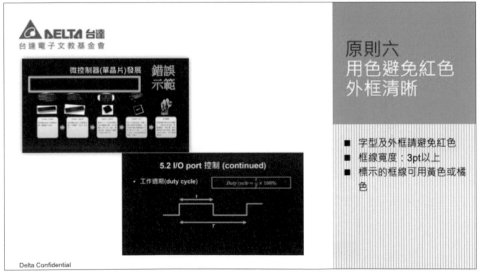

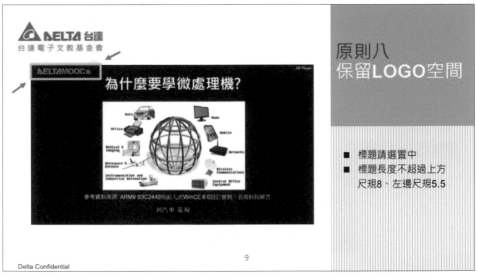

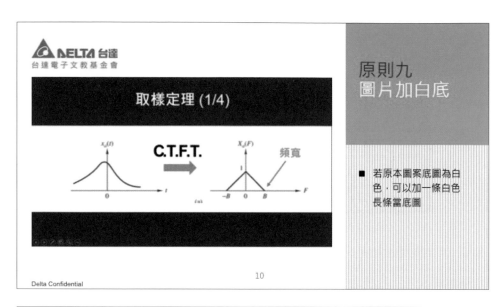

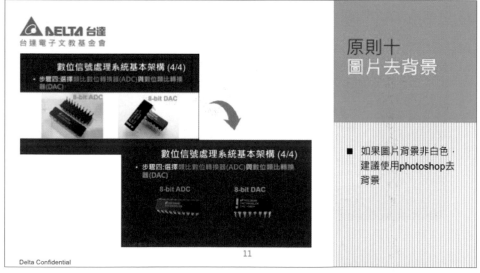

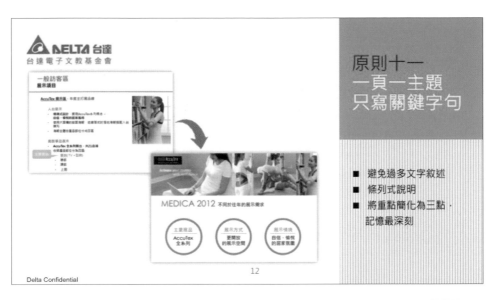

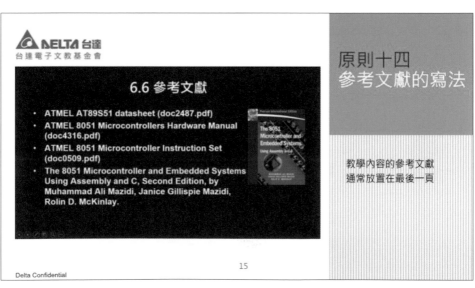

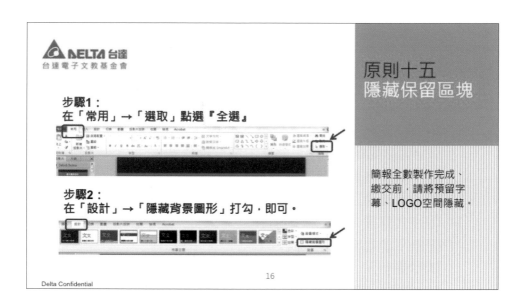

教師錄影注意事項

DeltaMOOCx教師錄影注意事項

* 不能穿綠色、白色以及細條紋衣服。
* 以V領衫或襯衫為主，儘量不要穿圓領衫。
* 多帶兩套衣服可有選擇性。
* 襯衫須燙平，衣服儘量不要太皺。
* 兩件式穿搭，顏色多變化。
* 眼鏡不能為自動變色鏡片。
* 請刮鬍子。
* 視線固定，不左右飄移。
* 開頭與結尾都須看鏡頭，唸投影片教材內容時可看大螢幕。
* 手可自然垂放或些許手勢輔助。
* 講完開頭與結尾後，看著鏡頭固定3秒鐘。
* 須特別留意投影片的正確性，若有誤，請立刻停下修改。
* 儘量口語化，不要照著投影片上的內容唸。
* 攝影棚內手機須關機或關靜音。
* 只能帶水，不能帶飲料進入攝影棚。
* 棚內冷氣較強，建議帶外套。
* 錄影過程當中，若發現任何錯誤請馬上修正。
* 一段不超過10分鐘為原則，導播會透過耳機告知時間 (棚內亦有時間顯示)。
* 請勿自行擅自錄影，須事先徵求同意。

ΛELTΛMOOCx Certificate

No.000001961

茲證明

王小明

完成修習下列課程時數 18 小時

數位影像處理

該課程由

國立臺北科技大學 陳金聖 教授

國立臺北科技大學 陳永耀 教授

國立臺北科技大學 吳昭正 教授

國立臺北科技大學 黃正民 教授

國立臺北大學 許志明 教授

2020 年 2 月 17 日至 2020 年 6 月 23 日

在 DeltaMOOCx 平臺開設

核發日期：2020 年 7 月

ΛELTΛMOOCx Certificate

No.000002053

This is to certify that

Wang Xiaoming

has successfully completed 18 hours of the course

The principle and application of transducer

co-offered by
Dr. Kuo-Lan Su, Professor of Yun Tech
Dr. Chung-Wen Hung, Professor of Yun Tech
Dr. Wei-Lung Mao, Professor of Yun Tech
through DeltaMOOCx from February 17, 2020
to June 8, 2020.

.

Issued Date: Jul 2020

線上學習新視界 — 大學篇：台達磨課師致力培育自動化人才

2021年1月初版　　　　　　　　　　　　定價：新臺幣450元
有著作權・翻印必究
Printed in Taiwan.

著　　　者	彭	宗	平
	張	錦	弘
叢書主編	李	佳	姍
校　　對	林	錦	櫻
整體設計	江	宜	蔚

出　版　者　聯經出版事業股份有限公司
地　　　址　新北市汐止區大同路一段369號1樓
叢書主編電話　(02)86925588轉5320
台北聯經書房　台北市新生南路三段94號
電　　　話　(02)23620308
台中分公司　台中市北區崇德路一段198號
暨門市電話　(04)22312023
台中電子信箱　e-mail：linking2@ms42.hinet.net
郵政劃撥帳戶第0100559-3號
郵撥電話　(02)23620308
印　刷　者　文聯彩色製版印刷有限公司
總　經　銷　聯合發行股份有限公司
發　行　所　新北市新店區寶橋路235巷6弄6號2樓
電　　　話　(02)29178022

副總編輯　陳　逸　華
總 編 輯　涂　豐　恩
總 經 理　陳　芝　宇
社　　長　羅　國　俊
發 行 人　林　載　爵

行政院新聞局出版事業登記證局版臺業字第0130號

本書如有缺頁，破損，倒裝請寄回台北聯經書房更換。　ISBN　978-957-08-5667-5 (平裝)
聯經網址：www.linkingbooks.com.tw
電子信箱：linking@udngroup.com

國家圖書館出版品預行編目資料

線上學習新視界—大學篇：台達磨課師致力培育自動化
人才/ 彭宗平、張錦弘著 . 初版 . 新北市 . 聯經 . 2021年1月 . 272面 .
17×23公分
ISBN　978-957-08-5667-5（平裝）

1.數位學習

521.539　　　　　　　　　　　　　　　　　　109019174